Sonnenrad
Bauern
rozberger Rahmblooz
Salzsiederfest
Schwäbisch Hall
Brot und Spiele
Taubertal
Stockbrot

Brotgeschichten aus Hohenlohe

mit umfangreicher Rezeptsammlung

Roland Silzle · Dieter Ziegler-Naerum

Brotgeschichten aus Hohenlohe

mit umfangreicher Rezeptsammlung

Silberburg-Verlag

Vorwort

Brot gehört zu den Grundnahrungsmitteln des Menschen. Noch nie gab es eine solch große Auswahl an verschiedensten Broten in den Regalen der Bäckereien – bestimmte Brotsorten werden durch ein gestiegenes Gesundheitsbewusstsein eben wieder neu entdeckt. Doch Brot bekommt man längst nicht mehr allein in der Bäckerei. Es findet sich im Supermarkt, im Tankstellenshop und in den Gefriertruhen vieler Lebensmittelgeschäfte, es ist an Marktständen, in Reformhäusern und auf Biohöfen zu erwerben. Und es wird zunehmend selbst gebacken, wie die steigenden Verkaufszahlen der Brotback-Automaten beweisen.

Auch im Hohenlohischen sind längst das Baguette, das Brot der Italiener, das der Griechen und das der eingewanderten Deutschen aus Osteuropa, das Toastbrot und das Brot der Fastfoodketten heimisch geworden; sie werden hier gegessen und hergestellt. Und was ist mit den traditionellen Backwaren? Die Gebildbrote verschwinden immer mehr, der Blooz ist nach wie vor ein Selbstläufer bei den Dorf- und Stadtfesten und ein frisch gebackenes Bauernbrot, vielleicht sogar aus dem Holzbackofen, schlägt mit seinem unübertrefflich gutem Geschmack alle modischen Joggingbrötchen oder Käselaugenwecken. Das geänderte Verbraucherverhalten verlangt jedoch ständig nach frischer und vielfältiger Backware. Manch kritischer Verbraucher bezeichnet die dabei verwendeten Fertigbackmischungen als standardisierte Produkte mit Einheitsgeschmack. Und so wird mancherorts Neues ausprobiert oder Altes wiederbelebt. Hanfbrote, schmackhafte Kräuter- und Vollkornbrote oder die Verwendung der alten Getreidesorten Emmer und Einkorn stehen für diese Entwicklung. Vielerorts werden sogar Backhäusle renoviert und zaghaft als neue Zeichen einer seelischen Verbindung mit dem Dorfleben erprobt.

Dieses Buch will solchen Entwicklungen nachspüren und in Geschichten und Bildern von alten Traditionen und sich wandelndem Wertebewusstsein in der Ernährung erzählen. Es finden sich interessante und überraschende Einsichten in veränderte Essgewohnheiten des Alltags, kulturgeschichtliche und historische Einblicke ebenso wie seltene Brotrezepte zum Nachbacken und kulinarische Tipps aus der Region.

Geschichten

Rezepte

Schwarzbrot aus der Betzenmühle

Zu frisch geräuchertem Schinken vom Schwäbisch-Hällischen Landschwein

Zutaten:
6 kg Mehl (je zur Hälfte Type 1050 und 950)
1 kg Weizenschrot
400 bis 500 g Sauerteig vom letzten Backtag
4 Würfel Hefe à 42 g
100 g Salz
Körner (Sesam, Sonnenblumenkerne, Kümmel und Leinsamen)
4 bis 4,5 l lauwarmes Wasser

Wildgräser, Vorläufer der ersten Getreidesorten

Hinter der Schäferei in Gründelhardt liegt die Betzenmühle. Hier wird immer noch leidenschaftlich von der Bäuerin gebacken.

Zubereitung:
Am Vortag das Mehl sieben, dann zusammen mit dem Weizenschrot in eine große Schüssel geben und in der Mitte eine kleine Mulde machen. 2 Stück Hefe, Sauerteig und 1 l lauwarmes Wasser vermischen, zugedeckt über Nacht in einem warmen Raum stehen lassen. Am Backtag die restlichen 2 Würfel
Hefe dazugeben. 100 g Salz, die Körner und nach und nach das Wasser unterkneten. Den Teig ungefähr 45 Minuten gehen lassen, sechs Brote formen und nochmals gehen lassen. Wenn der Backofen 220 °C erreicht hat, das Brot in den Ofen geben; Backzeit 2 Stunden.

pfundig

Dass wir ein luftiges und gut duftendes Brot backen können, verdanken wir den Treibmitteln. Das Älteste davon ist der Sauerteig. Dieser Rohteig, in dem sich Milchsäurebakterien und wilde Hefekulturen tummeln, bringt auch Roggen- und Roggenmischteig zum Erblühen. Man kann den Sauerteig selbst herstellen oder ihn im Reformhaus kaufen. Die Hefe schließlich nennt man die Hebamme des Brotes. Im Brotteig verwandeln Milliarden von Hefezellen die Stärke in Traubenzucker. Dabei steigen Gasbläschen in die Höhe, werden aber vom Kleber des Mehls daran gehindert, nach außen zu dringen. So entsteht ein lockeres und gut genießbares Brot. Allerdings kommt die Hefe nur langsam und unter Wärmeeinfluss in Schwung. Man muss den Teig mehrmals gehen lassen und ihn immer kräftig kneten, bevor er dann „eingeschossen" wird.

Backhäusle

Feuer

Jede Dorfgemeinschaft, jeder Weiler und so mancher Hof im Hohenlohischen hatte zu früheren Zeiten sein eigenes Backhäusle. Noch vor nicht allzu langer Zeit wurden sie als unzeitgemäß und störend empfunden und mussten hier einem Garagenanbau, dort der Hoferweiterung weichen. Inzwischen gelten sie als Kulturdenkmäler und wer noch eines hat, renoviert es nach Feierabend und lädt Freunde und Bekannte zum gemeinsamen Backen ein. Backhäusle sind wieder in!

Die Geschichte der Backhäuser ist nicht so alt, wie allgemein angenommen. Ausschlaggebend für ihr Aufkommen waren weder Gemeinschaftsgeist noch wirtschaftliche Gründe. Noch im 17. Jahrhundert hatte fast jeder Hof einen eigenen Backofen im Haus. Immer wieder kam es zu Hausbränden und

Unter Kennern als echter Geheimtipp gehandelt: das „Rössle" n Saurach und die „Eiche" in Mainkling – nur wenige Kilo- neter von Crailsheim entfernt

Unscheinbar, im Süden der Hohenloher Ebene

Ein letzter kritischer Blick auf die Beschaffenheit der Oberfläche, die Wölbung des frisch geformten Laibs

Brunzenberger Backhäusle

Backtag auf dem Schimmelhof

nicht selten waren auch Nachbarhäuser und ganze Gemeinden dadurch gefährdet. Auf Druck der Obrigkeit mussten Backhäuser erstellt werden. Dies wurde zunächst nur angeraten. Nachdem aber der Erfolg mäßig war, wurde daraus eine Verordnung. Die Bauvorschriften waren streng und sahen das Erstellen der Häusle am Ortsrand vor. Doch seltsamerweise findet man die Backhäuser meistens in der Ortsmitte, neben einem Brunnen und in Kirchennähe. Man war schließlich auf Wasser und wegen der Backzeiten auf die Kirchturmuhr angewiesen. Durchziehende Handwerksburschen übernachteten hier und verliebte Pärchen trafen sich zum ersten Rendezvous dort, wo es so oft verführerisch gut roch.

Manches vom Verfall gezeichnete Backhäusle konnte gerettet und liebevoll wieder aufgebaut werden – diese zum Beispiel im Freilichtmuseum Wackershofen (rechts und unten)

Hinteruhlberg

Blooz mit Speck und Lauch

Ein rustikales Frankenhardter Familienrezept

Zutaten:
500 g Schwarzbrotmehl
(Roggen und Weizenmischung)
1 Beutel Trockenhefe oder ½ Würfel Frischhefe
½ TL Salz für den Belag
etwas schwarzer Pfeffer
1 Prise Zucker
1 Becher Schmand
1 Becher saure Sahne
½ Becher süße Sahne
etwas lauwarmes Wasser
100 g fein gewürfelter Speck
2 große Zwiebeln
1 Stange Lauch

Zubereitung:
Mehl mit Trockenhefe, Salz und etwas Zucker vermischen und lauwarmes Wasser zugeben, bis ein geschmeidiger Teig entsteht. Bei Verwendung von Frischhefe muß ein Vorteig zubereitet werden. Speck mit gewürfelten Zwiebeln und fein geschnittenen Lauchringen andünsten, mit Salz und Pfeffer würzen und auskühlen lassen. Schmand, saure Sahne und süße Sahne unterrühren. Nachdem der Teig etwa 30 Minuten geruht hat, diesen auf einem Blech dünn ausrollen und mit der Masse bestreichen. Bei 200 °C 30 bis 40 Minuten backen.

Als die Römer bei ihren Eroberungszügen auf die Germanen stießen, dürften sie nicht schlecht gestaunt haben. Denn im Gegensatz zu den Mittelmeerländern aß man im kalten Norden Haferbrei. Zu einem Fladen verarbeitet und auf einem heißen Stein oder in heißer Asche frisch gebacken war er sicher gut genießbar. Dann aber wurde er hart und zäh und war höchstens noch als Reiseproviant geeignet, der aber stets in Milch oder Wasser aufgeweicht werden musste. Ein Nachfahre solcher Fladen ist das aus Skandinavien stammende Knäckebrot. Zum Glück haben die Ägypter den Sauerteig erfunden, sonst müssten wir heute den Hammer zum Essbesteck zählen. Natürlich wird zum Bloozbacken (und meist auch für Knäckebrot) Hefe benutzt.

Nachdem alle Brote gebacken sind, bleibt noch eine Restwärme im Ofen, und oftmals auch noch ein Teigrest übrig. Auf einem runden, bemehlten Holzbrett wird der Teig ausgerollt, belegt und ab geht's in den Ofen. Je nach Belag und Teigstärke verbleibt er dort zwischen 5 und 20 Minuten. Mancherorts testet man die richtige Hitze zum Brotbacken auch durch den sogenannten Hitzblooz. Bevor das Brot eingeschossen wird, wird der belegte Blooz in den Backofen geschoben. Dessen Backzeit wird durch Erfahrungswerte hochgerechnet auf die Backzeit des Brotes.

Manche Gastwirtschaften bieten Bloozessen an. Anmeldung empfiehlt sich. Besonders in Gesellschaft macht Bloozessen Spaß. Auf einem großen Holzbrett wird ein in Stücke geschnittener Blooz auf den Tisch gestellt. Jeder nimmt sich nur ein Stück. Dann heißt es warten bis zum nächsten Blooz. Wie viele Stücke man verdrückt hat, erkennt man an den Markierungen auf dem Bierdeckel, wenn es ans Zahlen geht. Ein gemeinsames Bloozessen ist der ideale Abschluss einer jeden Ausflugsfahrt.

Einmal im Monat heißt es Bloozbacken auf dem Schimmelhof

Schrozberger Rahmblooz

Ein willkommener Begleiter zum Samstagnachmittagskaffee

Zutaten:
500 g Mehl
20 g Hefe
¼ l Milch
70 g Zucker
70 g Margarine
1 Ei
etwas Salz

Zutaten für den Belag:
40 g Butter
60 g Zucker
½ Teelöffel Zimt
1 Päckchen Vanillezucker
60 g gehackte Haselnüsse
400 g Sauerrahm

Zubereitung:
Den gegangenen Hefeteig 1 cm dick auswellen, kurz nochmals gehen lassen, die zerlassene Butter darauf streichen, mit Zucker, Zimt, Vanillezucker, gehackten Haselnüssen bestreuen und zuletzt den Sauerrahm darauf geben. Den Blooz bei 220 °C ca. 25 Minuten backen.

Neben dem salzigen gibt es den süßen Blooz. Schoss man bei genügend Hitze zuerst den gesalzenen, schwarzen Blooz direkt auf den Ofenboden ein, kam der süße, weiße Blooz auf Bleche. Während die Erwachsenen sich schon einmal an einem Stück schwarzen Blooz und einem Krüglein Most gütlich taten, warteten die Kinder ungeduldig auf den süßen Blooz. Besonders schätzten sie den mit Äpfeln, Zwetschgen oder Träuble belegten. Aber auch die Erwachsenen ließen es sich nicht nehmen, mindestens noch ein Stück vom „Süßen“ zu versuchen. Dazu trank man einen Malzkaffee.

An Festtagen wie beispielsweise der „Kärwe“, dem eigentlichen Abschluss des Feldjahres, wurden Berge von Brot und Blooz gebacken. Jeder Dienstbote erhielt ein Weißbrot und einen süßen Blooz. Einige Tage lebte man wie Gott in Frankreich. Kein Wunder, dass sich um diese Zeit auch die Verwandtschaft aus der Stadt sehen ließ. Aber auch Pfarrer, Lehrer, Bettler, Beamte aus der Stadt und andere Schnorrer tauchten pünktlich zu diesem Dorf- und Familienfest auf. Auf manchen Höfen wurden bis zu 25 verschiedene Kuchen gebacken. Kirbetanz und Krämermarkt machten das Fest zum heimlichen Höhepunkt des Jahres. Die heutigen Kirchweihbräuche sind nur noch Überbleibsel aus jener Zeit und haben oft wenig mit diesem größten Backfest des Jahres zu tun.

Anwesen eines Kleinbauern aus Schwarzenweiler bei Forchtenberg. Wieder aufgebaut im Freilandmuseum Wackershofen.

Bis endlich der Arzt aus Gaildorf kam …

Weizen und Roggen wachsen nicht von allein. Feldarbeit ist dazu nötig und die beginnt mit dem Säen. Bis in die 50er Jahre geschah das bei kleinen und unregelmäßigen Feldern, wie man sie häufig im Hohenlohischen findet, von Hand aus dem Sätuch. Auch der Kunstdünger wurde von Hand gestreut, und das aus einer speziellen Wanne. Geerntet wurde mit der Sichel und dem Haberrechen. Ausschließlich größere Höfe hatten Pferde und später einen kleinen Einzylinder-Traktor. Die Garben wurden von Hand mit selbst angefertigten Strohbändern zusammengebunden. Nur wenige Bauern hatten eine Bänderstrickmaschine oder kauften Garbenstrickle aus Hanf oder Sisal.

Einen Erntewagen zu laden, verlangte Sorgfalt und Erfahrung, bis schließlich alles vom Wiesenbaum zusammengehalten wurde. Vorne wurde er mit einer Kette, hinten mit einem Seil an den oberen Holmen des Erntewagens befestigt. Trotzdem musste man auf der Heimfahrt oft auf schrägen Wegen oder in starken Kurven den Wagen mit großen Gabeln

stützen, damit er nicht umfiel. Manchmal war auch das vergeblich. Und besonders schlimm wurde es, wenn über einem umgefallenen Erntewagen ein Gewitter niederging. Dann musste alles nochmals abgeladen und zum Trocknen ausgelegt werden.
Die meisten Bauern hatten keinen Aufzug für die Garben. Diese mussten vielmehr, so lange der Stiel reichte, mit der Gabel in der Scheuer durch das Balkenloch hinaufgeschoben werden. War dies wegen der Höhe nicht möglich, dann nutzte man das Balkenseil. Dieses lief über eine Holzrolle. An einem hölzernen Haken aus einer hainbuchenen Astgabel musste man Garbe um Garbe mit dem Seil in die Höhe ziehen. Das geschah meist in der Dunkelheit; elektrisches Licht gab es in der Scheuer nicht.

Der Hohenloher Walter Hampele erinnert sich: „Ich stürzte als Dreizehnjähriger beim Gabeln einmal vom Wagen auf die Tenne und spießte dabei meinen linken Oberschenkel auf einer Sprosse der Wagenleiter auf. Das gab eine große, schmerzhafte Wunde. Weil aber die Holzsprosse stumpf aus der Leiter herausragte, blutete meine Wunde nicht. Die Blutgefäße waren abgequetscht. Mein Großvater, der mit dem Entladen vor dem Eintreffen des nächsten Wagens fertig werden wollte, verstand gar nicht, weshalb ich nicht mehr gabeln konnte. Er sah kein Blut, wohl aber die nötige Arbeit. Erst als meine Eltern vom Feld kamen, wurde mein Bein verbunden. Es dauerte noch Stunden, bis ein Arzt aus Gaildorf kam und die Wunde mit Metallklammern zusammenzog. Das war nicht nur eine schmerzhafte, sondern auch eine vergebliche Behandlung. Alles vereiterte, auch die Ansätze der Klammern, und ich musste wochenlang das Bett hüten, obwohl man mich dringend als Erntehelfer gebraucht hätte. Eine große Narbe an meinem Oberschenkel erinnert mich immer wieder an diesen Tag.“

Kirchberger Kartoffelbrot

Herzhaft in Verbindung mit Röstzwiebeln oder gewürfeltem Schinkenspeck als Brotbelag

Zutaten:
1 kg kalte gekochte mehlige Kartoffeln
1 kg Mehlmischung Type 550, 1050 und 997
30 g Salz
35 g frische Hefe
0,3 l Wasser

Zubereitung:
Das Mehl in eine Schüssel geben, mit dem Salz vermengen und in die Mitte eine Vertiefung drücken. Vier Esslöffel lauwarmes Wasser mit der Hefe verrühren, in die Mulde gießen und mit etwas Mehl andicken. Etwa 20 Minuten gehen lassen. Das Mehl mit den Kartoffeln und dem Wasser zu einem geschmeidigen Teig kneten. Vier Brote daraus formen und 10 Minuten im vorgeheizten Backofen bei 220 °C vorbacken. Bei 180 °C etwa 40 Minuten fertigbacken.

Die Zugabe von Kartoffeln zur Brotherstellung ist keine moderne Errungenschaft. Schon Mitte des 18. Jahrhunderts finden sich Hinweise auf den Einsatz von Kartoffeln. Man kann sie sogar als eine alte Backzutat bezeichnen. Der häufigste Grund für die Verwendung von Kartoffeln war in früherer Zeit wohl die Streckung des Getreidevorrats. Unsere Großmütter und Großväter aßen während des Ersten Weltkrieges mancherorts das so genannte „K-Brot". Ins Gedächtnis der Bevölkerung ist dieses Brot als „Kriegs-Brot" eingegangen, wenngleich mit dem Namen der Zusatz von Kartoffeln (mindestens 20 %) gekennzeichnet werden sollte. Durch Zugabe von Kartoffeln, meist in gekochter Form, wurde auch die Frischhaltung und Lagerfähigkeit des Brotes verbessert.

Schwarzbrotsuppe

Bauerndoping am frühen Morgen

Zubereitung:
Schwarzbrot in drei oder vier dünne Scheiben schneiden und im Ofen gut rösten. Etwas Lauch, Sellerie, gelbe Rüben, Zwiebeln, Kartoffeln, Pfefferkörner und Nelken werden in Butter gedämpft. Man nehme, was man hat. Gemüse kann nach Gusto verwendet werden. Je nach Angebot des Marktes oder dem Inhalt der Speisekammer.

Das Brot zum Gemüse geben. Das Ganze wird mit Fleischbrühe abgelöscht. Wenn alles gut ausgekocht ist, wird es durch ein Haarsieb passiert und vor dem Anrichten mit Eigelb, etwas Rahm, Salz und Pfeffer abgeschmeckt.

Bis in die Vorkriegszeit hinein gab es auf den meisten Hohenloher Bauernhöfen zum Frühstück Milch- oder auch Brotsuppe. Weil die tägliche Arbeit schwer war und von Hand verrichtet wurde, brauchte man, um bei Kräften zu bleiben, etwas Kräftiges. Dazu wurden Schwarzbrotscheiben in Wasser aufgeweicht, dann mit heißer Milch übergossen und die Suppe abgeschmeckt. Mancherorts wurde die Morgensuppe sogar schon mit Fleischbrühe und Gemüse angerichtet. Als Getränk empfiehlt sich Most, wer es verträgt, kann es damit auch schon früh morgens versuchen.

Backa duad'r

Ein paar Mal im Jahr packt ihn der Rappel. Dann steigt Walter abends die Kellertreppe seines Bauernhauses hinab und reinigt den alten Holzofen.

Am nächsten Morgen in der Küche: Teig wird angerührt und geknetet. Die kräftigen Hände des Junggesellen zerfurchen Mehl, Wasser und Salz. Er gibt Kümmel hinein; wahlweise kommen noch Nüsse oder Kartoffeln dazu. Und natürlich muss Sauerteig in die Masse. Den hat er aufgehoben vom letzten Mal. Sorgfältig getrocknet in krümeliger Form und immer zum Schluß aus Teigresten hergestellt. „Heifel" sagt man hier dazu. Schweißperlen bilden sich auf der Stirn. Schwerstarbeit! Dann fordert der geknetete Teig eine Ruhepause. Gehen lassen! Zeit, um das Feuer unten anzuschüren.

Sorgfältig schichtet Walter leichtes Holz und seine genau abgezählten „Backprügel" in den Ofen. Ein Streichholz und es beginnt zu knistern. Während das Holz gleichmäßig runterbrennt, ist Zeit für ein Glas Most und ein Schwätzchen. Schließlich hat der Teig Blasen geworfen und beginnt über die riesige Blechschüssel zu quellen. Noch einmal muss er sich vorsichtig kneten lassen, bevor der hochgewachsene Hobbybäcker die einzelnen Teigportionen formt und in die bereitstehenden Körbchen schaufelt. Ein zweites Mal heißt es warten. Walter streicht sich mit der Hand durch die weißen Haarsträhnen und lächelt.

Endlich ist es soweit! Runter in den Keller. Eine matte Lampe taucht den Raum in ein fahles Licht. Staubig und heiß wie in der Vorhölle ist es hier. Doch schon eine Stunde später riecht es himmlisch nach frischem Bauernbrot. Nach Kümmel, Nüssen oder Kartoffeln und Tannenholz. Prüfend klopft Walter auf die Rückseite eines Brotes und nickt. Fertig! Raus mit den knusprig gebackenen Laiben. Zufrieden trägt er die noch heißen Brote nach oben.

en schaft

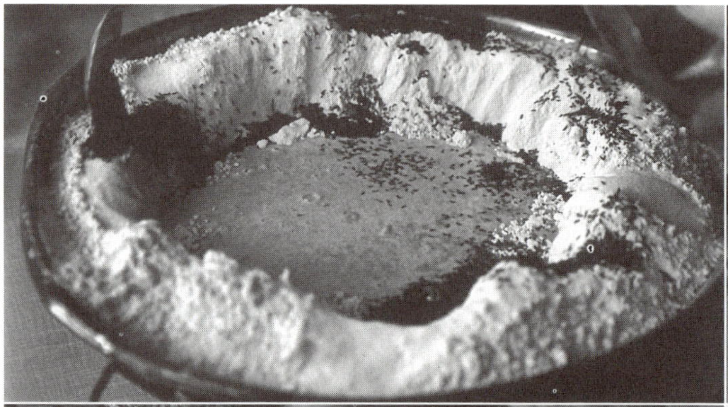

Brot aus dem Holzofen
– die schwere Kunst
des Einfachen

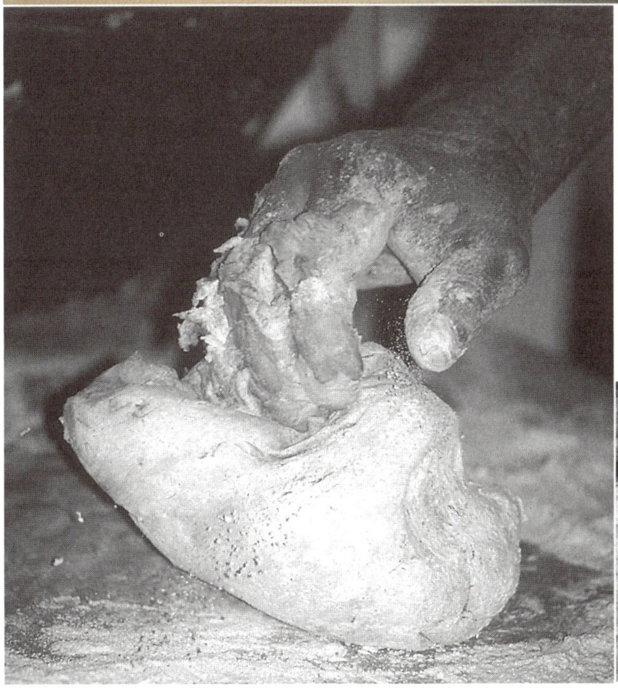
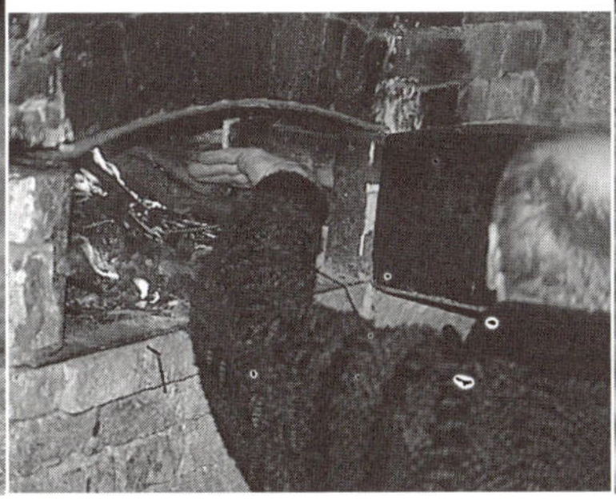
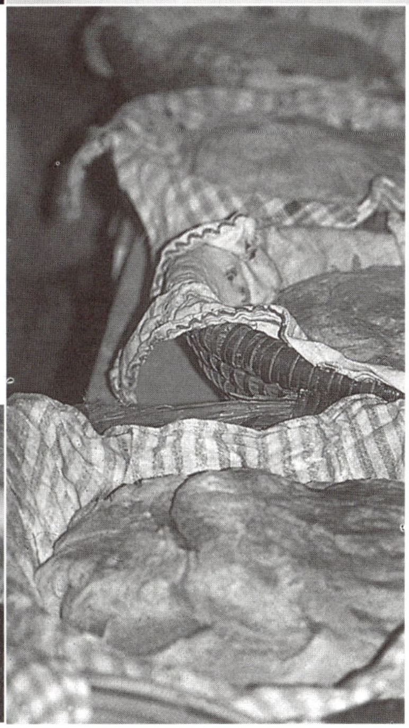

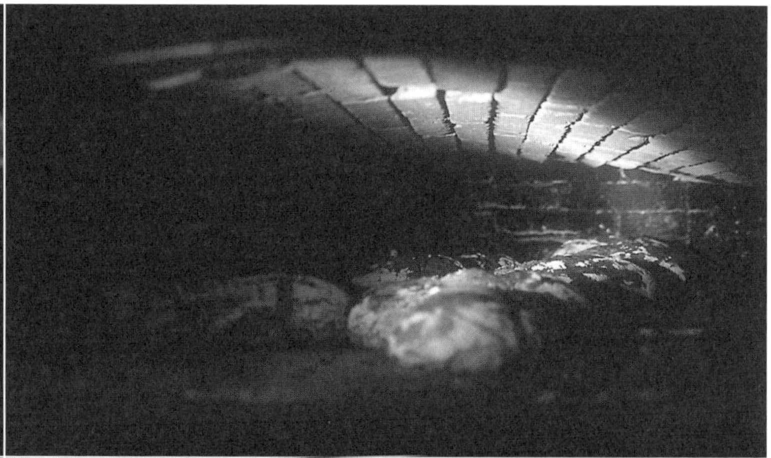

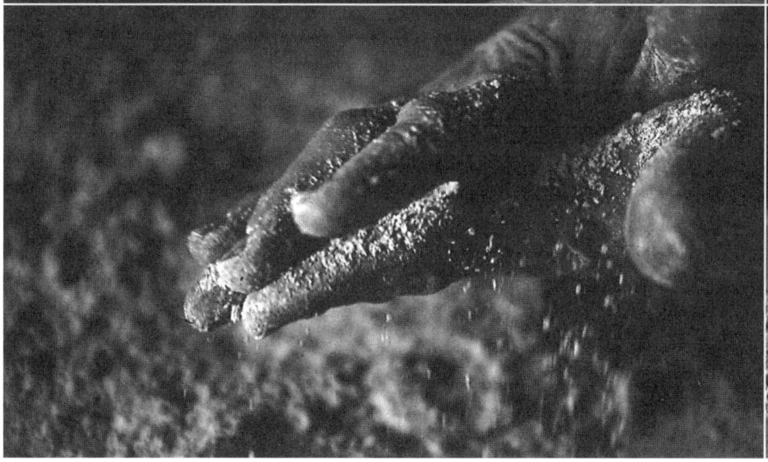

Ein paar Hände voll getrockneter Teigkrümel mit warmem Wasser angesetzt und Mehl darunter-geknetet – es bilden sich Bläschen. Sauerteig ist sensibel und braucht Zeit.

Sauerteig und Heifel

Im Hohenlohischen wird das Ausgangsprodukt für Natursauerteig auch „Heifel" genannt. Um diesen herzustellen, nimmt man vom fertig gekneteten und gegangenen Brotteig zwei handtellergroße Teigstücke weg. In einer großen Schüssel wird dieser Teig mit Schwarzbrotmehl – auch eine Fertigmischung ist möglich – von Hand fein gerieben. Die dabei entstehenden Teigkrümel werden getrocknet. Dies dauert einige Tage, wobei darauf zu achten ist, dass sie immer wieder umgedreht werden, damit sie nicht ankleben und von unten her zu schimmeln beginnen. Wollte man nun zu früherer Zeit Brot backen, nahm man ein paar Hände voll getrockneter Krümel und weichte sie einige Stunden unter gelegentlichem Umrühren ein. Dann wurde einfach so lange das Mehl darunter geknetet, bis ein zähflüssiger Teig entstand. Der nunmehr entstandene Sauerteig wurde warm gestellt, bildete unzählige kleine Bläschen an der Oberfläche und hat manchen schon zum Schmunzeln gebracht. Nimmt man nämlich eine zu kleine Schüssel, kennt der Teig keine Hem-

mungen und desertiert über den Schüsselrand hinaus. Im Zeitalter der modernen Technik nimmt man vom fertigen Brotteig einfach ein Stück ab und legt es in das Gefrierfach.

Taut man es langsam und rechtzeitig auf, hat man das ideale Ausgangsprodukt zum Ansetzen eines neuen Teiges. Wer Wert darauf legt, seinen Sauerteig selbst zu machen, kann das tun, auch wenn andere Methoden heute einfacher sind. Eine Möglichkeit ist, 250 g Roggenmehl mit $^1/_4$ l lauwarmem Wasser zu mischen und eine geriebene Zwiebel zu der Masse geben. Statt einer Zwiebel kann man auch 2 EL Sauerkrautsaft oder 1 EL Rum nehmen. Diese Grundmasse bei einer Temperatur von etwa 30 Grad in der Nähe der Heizung drei Tage stehen lassen. Man kann dies in einem Einmachglas mit aufgesetztem Deckel versuchen. Wenn der Teig zu gären beginnt, also Blasen wirft, ist er verwendbar. Das klappt nicht immer gleich perfekt. Falls der Sauerteigansatz unangenehm riecht (Essigsäure) oder sich Flüssigkeit absetzt, bleibt nichts anders übrig, als es noch einmal zu versuchen. Wer Brot mit Sauerteig oder „Heifel" backen will, muss am Abend vorher einen Vorteig ansetzen. Der wird dann zum Hauptteig, dem eigentlichen Brotteig, zugegeben. Insgesamt muss mit einer Gär- bzw. Gehzeit von etwas mehr als einem halben Tag gerechnet werden. Zwölf Stunden davon entfallen auf den Vorteig, etwa zwei Stunden braucht der mit dem Vorteig gemischte Hauptteig, bis man ihn weiterverarbeiten kann. Diese Zeitspanne muss man beim Backen mit Sauerteig immer rechtzeitig einplanen.

Gottes Hand schlägt das Land

Was Hunger ist, wissen die Jüngeren nur als abstrakte Meldung aus fernen Ländern. Studiert man die Chroniken der Hungersnöte im eigenen Land, wird schnell klar, was Hunger für Menschen bedeutet. Sühnekreuze erinnern daran, dass einmal Menschen am Wegrand „wegen eines Stücklein Brots“ erschlagen wurden.

Keine Notzeit bis zum Ende des 19. Jahrhunderts ist so ausführlich und anschaulich dokumentiert wie die aus den Jahren 1816/17. Betroffen war der ganze süddeutsche Raum. Zu den Hauptursachen zählten nicht nur wetterbedingte schlechte Ernten. Vielmehr litt die Landwirtschaft als wichtigster Wirtschaftszweig an strukturellen Schwächen. Kleinbäuerliche Familien waren in ihrer Existenz gefährdet. Teuerung und erdrückende Abgaben, mit denen die Fürsten ihre Hofhaltung finanzierten, taten ein Übriges. Im Hohenlohischen lag eine weitere Ursa-

Steinerner Zeitzeuge bei Untersontheim

Starker Bodenfrost im Frühsommer 1816 lässt Schlimmes befürchten. Hungersnot und Teuerung zwingen die Menschen Haus und Hof zu verlassen und das Heil in der Fremde zu suchen.

Elend

che für den Hunger jener Jahre in den Napoleonischen Kriegen. Das begann schon 1805, als starke französische Truppen durch das Land zogen, und blieb eine Landplage während der folgenden zehn Jahre. Selbstverständlich quartierten sich die Soldaten ein; sie plünderten und schmälerten die Vorräte. Man sah verbrannte Kornfelder und verängstigte Menschen. In einem Bericht aus Crailsheim von 1814 heißt es, die Russen und Franzosen seien doch schlimme Menschen, den Frauen gefährlich und unersättlich im Essen und Trinken.
Die Jahre 1816 und 1817 waren die schlimmsten Hungerjahre seit der Zeit des Dreißigjährigen Krieges. Die Chroniken berichten davon, dass das Wetter jener Jahre verrückt spielte. Von Januar bis März des Jahres 1816 war es warm wie im Sommer. Danach habe es angefangen zu regnen und zu frieren, so dass Ende April die Felder noch nicht bestellt waren. Die Eisheiligen zogen sich bis Ende Mai und ließen sogar Feuerlöschteiche einfrieren. Mitte des Jahres war die Saat gerade mal knöchelhoch gewachsen. Im Juli ging ein schreckliches Gewitter über das Land und – so wird vermeldet – am 31. Juli schneite es auf der

Alb. Bereits Mitte Oktober gab es den ersten Reif. Was noch auf den Feldern war, blieb dort einfach stehen und führte zu einer schlimmen Mäuseplage. Es wird berichtet, dass arme Leute während jenes Winters die Gänge und Verstecke der Mäuse ausgruben, in der Hoffnung, dort etwas Essbares zu finden. Not macht erfinderisch: Als Streckmittel für Mehl zum Brotbacken benutzte man Heublumen, Rüben, gemahlenes Stroh, sogar Baumrinde und Holzmehl. Die Wintersaat musste man in den Schnee säen. Und im Frühjahr 1817 herrschte Hungersnot und Teuerung wie kaum zuvor. Die Glocken läuteten täglich, Bittgottesdienste und Betstunden wurden abgehalten. Viele Menschen verzweifelten an ihrem Gott oder hielten ihre Not für ein Strafgericht. Auch die reichen Bauern mussten darben, und auf einer Gedenkmünze liest man: „Gottes Hand schlägt das Land.“

Frost & Sch

Nach der Apfelblüte kamen Frost und Schnee

Napoleon wies seine Minister damals an:
„Ich wünsche, dass das Volk sein Brot hat,
reichliches, gutes, billiges Brot.“

Die Wintersaat wurde in den Schnee gesät.

Über den Atlantik und die Donau hinab

Die berüchtigte Hungernot 1816/1817 rief bei vielen Menschen Hoffnungslosigkeit und Resignation hervor. Vor allem bei jungen Leuten reifte der Entschluss auszuwandern, weit fort, nach Amerika oder Russland. Es kam zu regelrechten Auswanderungswellen. Aus Satteldorf wird berichtet, dass dort sechs Familien mit zusammen 29 Kindern in die Vereinigten Staaten ausgewandert sind. Unter dem Einfluss des Pietisten Johann Albrecht Bengel machte sich in manch frommen Kreisen die Vorstellung breit, die Zeit des Tausendjährigen Reiches sei nahe gekommen. Mancherorts betrachtete man es als die Pflicht des Christenmenschen, im Jahre 1836, zum vermeintlichen Beginn der Endzeit, möglichst in der Nähe der ewigen Heimatstadt Jerusalem zu sein. Familien aus Satteldorf, Goldbach, Ingersheim und Tiefenbach zogen die Donau hinab nach Südrussland und in den Kaukasus und ließen sich dort nieder.

In den folgenden Jahren gingen die Zahlen der Auswanderungswilligen zurück, unter anderem weil bekannt wurde, dass die Auswanderer viel Not und Elend durchmachen mussten. Außerdem warnte die württembergische Regierung durch Erlasse, die auf den Kanzeln sonntagmorgens verlesen wurden, vor unüberlegter Auswanderung. Erst in den 1850er Jahren, als das Hohenloher Land mehrmals hintereinander durch Missernten heimgesucht wurde, entwickelte sich die Auswanderung wieder zum Thema. In einem alten Buch zur Geschichte der Auswanderung heißt es: „Das Brot wurde für die Armen zu einem unerschwinglichen Leckerbissen, Rüben und aus Baumrinde und Kleie gebackenes

Brot wurde zur Hauptnahrung.“ Die Obrigkeit richtete Suppenanstalten ein und begann, sich um die soziale Fürsorge zu kümmern. Doch zuletzt wusste der Staat keinen anderen Ausweg mehr als die Auswanderung, vor der er kurz zuvor noch gewarnt hatte, jetzt sogar zu fördern. Die zum früheren Kreis Crailsheim gehörende Gemeinde Neidenfels hatte es besonders schwer. Dort entschloss man sich, einen Teil der Bewohner auf Staats- und Gemeindekosten nach Amerika auswandern zu lassen. Aber auch in anderen Gemeinden wurden missliebige Familien oder solche, die eine große Last für die Gemeinde darstellten, mit öffentlichen Mitteln geködert und nach Amerika geschickt. Zwischen 1816 und 1870 emigrierten mindestens 400.000 Menschen aus dem Königreich Württemberg.

Zu den häufigsten Ursachen des Hungers zählten bis Mitte des vorigen Jahrhunderts Plünderungen, Kriege und deren Folgen. Selbst mit Grassamen, Kleie und Baumrinde versuchte man, den Brotteig zu strecken.

Zum Teufel mit Anna

Ein schmackhaftes Maisbrot aus Amerika

Zutaten:
40 g Butter
120 g Melasse oder Zuckerrübensirup
½ l kaltes Wasser
50 g Maismehl
2 TL Salz
25 g frische Hefe
2 EL lauwarmes Wasser
275 g Weizenvollkornmehl
500 g Weizenmehl Type 405 oder 550

Zubereitung:
Zwei kleinere Kastenkuchenformen fetten. Die Butter zusammen mit der Melasse und dem kalten Wasser erhitzen, bis die Butter geschmolzen ist. Maismehl und Salz unterrühren und die Masse kurz aufkochen lassen. Die Hefe in einer Tasse mit dem lauwarmen Wasser verrühren und für wenige Minuten auf die Seite stellen. Die lauwarme Maismehlmischung und die Hefe in eine große Schüssel geben. Mit dem Vollkornmehl und dem Weizenmehl zu einem zähen Teig verarbeiten. Diesen auf einer Arbeitsfläche elastisch kneten. Bei Bedarf noch etwas Mehl hinzugeben. Abgedeckt in einer leicht geölten Schüssel an einem

warmen Ort 1 Stunde gehen lassen. Danach den Teig noch einmal durchkneten und in die Formen geben. Mit leicht geölter Klarsichtfolie bedeckt an einem warmen Ort 45 Minuten gehen lassen. Das Volumen kann sich verdoppeln.
Der Herd ist inzwischen auf 200 °C vorgeheizt.
Mit einem Messer die Oberfläche des Brotes einschneiden. 15 Minuten auf dieser Stufe backen, dann bei 180 °C weitere 35 bis 40 Minuten backen. Auskühlen lassen. Warm serviert sehr lecker!

Amerikanisches Brot darf nicht auf jene schwammigen Produkte reduziert werden, die man in einschlägigen Fastfood-Restaurants zu essen bekommt. Durch die nach dem Krieg im fränkisch-hohenlohischen Raum stationierten amerikanischen Streitkräfte, durch entstehende Städtepartnerschaften, durch familiäre Verbindungen und Freundschaften lernte man die typisch amerikanischen Brotzutaten wie Maismehl, Melasse oder Zuckermais kennen. Hin und wieder kann man während der amerikanischen Wochen hiesiger Bäckereien solche Brote probieren.

Dieses „Anadama Brot“ aus Massachusetts hat der Legende nach erstmals ein verzweifelter Ehemann mit einer Frau namens Anna gebacken. Diese hatte ihm nur einen Maisbrei mit etwas Sirup zum Abendessen hingestellt, während sie außer Haus war. Der arme Mann vermischte den Brei mit etwas Mehl, das er noch im Schrank fand, rührte Wasser und Hefe darunter. Dabei murmelte er die ganze Zeit vor sich hin: „Anna, damn her“ – Zum Teufel mit Anna.

Nicht nur in Amerika beliebt:
Sonnenblumenbrot

Kirgisisches Weißbrot

Das Rezept einer Hohenloher Aussiedlerfamilie

Zutaten:
2 bis 3 Kaffeetassen Milch
½ Kaffeetasse Sonnenblumen- oder Walnussöl
eine Prise Salz
1 TL Zucker
2 Eier
1 Hefewürfel (42 g)
800 bis 1000 g Weizenmehl
4 bis 5 EL lauwarmes Wasser

Zubereitung:
Milch und Öl zusammen zum Kochen bringen. Nach dem Abkühlen in lauwarmem Zustand Salz und Eier dazugeben und gut vermischen. Die Hefe in 4 EL lauwarmem Wasser auflösen und in einer großen Schüssel zusammen mit den restlichen Zutaten einen lockeren Hefeteig kneten. Der Teig darf nicht mehr an den Händen kleben. Mit etwas Mehl bestäubt, zugedeckt an einem warmen Platz gehen lassen. Wenn der Teig sich deutlich vergrößert hat, herunterkneten und wieder warm stellen, bis er sich wieder hebt. Dies dauert 2 bis 2 ½ Stunden. Auf dem eingeölten Tisch noch einmal leicht kneten und auf das eingefettete Backblech geben. 10 Minuten gehen lassen und die Oberfläche des Brotes mit Milch bestreichen. Im vorgeheizten Backofen bei 180 °C 30 Minuten goldgelb backen. Mit dem Zahnstocher prüfen, ob das Brot fertiggebacken ist. Klebt nach dem Hineinstechen noch Teig daran, muss das Brot noch einmal 15 Minuten backen.

Als sich Ende der 80er Jahre im Machtbereich der früheren Sowjetunion große Veränderungen abzeichneten, verstärkte sich der Druck auf die Angehörigen der deutschen Minderheiten in den Nachfolgestaaten des ehemaligen Riesenreiches. Der Wunsch nach Familienzusammenführung, die Hoffnung auf bessere Lebensbedingungen, aber auch der wirtschaftliche Niedergang und das Aufkommen von Nationalismus motivierten die Menschen auszusiedeln. Aus Kirgisien und Kasachstan, aus den alten Siedlungsgebieten entlang der Wolga und aus der

Ukraine kamen die Menschen auch ins Hohenloher Land. Der Landkreis Schwäbisch Hall verzeichnete zu Beginn der 90er Jahre einen starken Zuwachs an Spätaussiedlern. Inzwischen hat sich die Zuwanderung deutlich verringert und die jüngeren Immigranten betrachten sich ungeachtet starker familiärer Bindungen als mit der Region verbunden. Mitgebracht haben die Menschen neben ihren Habseligkeiten auch ihre Lebensschicksale, ihre besonders geprägte Kultur und Frömmigkeit und Rezepte, die mit wenig Aufwand ausprobiert werden können.

Endlich Weißbrot – es lebe die Revolution!

Die Französische Revolution hatte weitreichende Folgen für das Hohenloher Land. Die Württemberger erhielten im Windschatten von Napoleons Politik die Hohenloher Fürstentümer und Territorien. Dies rief einen tief sitzenden Groll und mancherorts auch handfesten Widerstand hervor.

Eine weitere Folge der Revolution wurde jedoch in den Städten begierig aufgenommen. Galt Weißbrot bis dahin als Privileg der Reichen, so konnte nun jedermann dieses Brot beanspruchen. Der französische Weizen vertrieb den Roggen und den Dinkel. In manchen Gegenden Europas degradierte man den Roggen zum Viehfutter. Deutschlands und Frankreichs Grenzen galten nun als Weizen- und Roggengrenzen. Vom Süden kommend, über Italien und die Schweiz eroberte der Weizen Süddeutschland. Im Königreich Württemberg verfünffachte sich die Anbaufläche für Weizen innerhalb von zwei Generationen. Entsprechend rückläufig wurde Dinkel angebaut. Das dem Auge schmeichelnde Weißbrot, jahrhundertelang Brot der Reichen, eroberte die Auslagen und Regale der Bäckereien.

Doch die Zeiten haben sich inzwischen wieder geändert. Weißbrot, in allen Formen und Variationen erhältlich, hat nicht zuletzt durch Fastfood-Ketten und die veränderten Essgewohnheiten den Anflug von inhaltsarmem Billigbrot bekommen. Wer etwas auf sich hält und mit Genuss isst, kauft sein Bauernbrot im Hofladen, auf dem Markt beim Biobauern oder Demeterbäcker. – Kein billiges, aber ein lohnendes Vergnügen.

Weizen – robust und auf Ertrag gezüchtet

köstlich

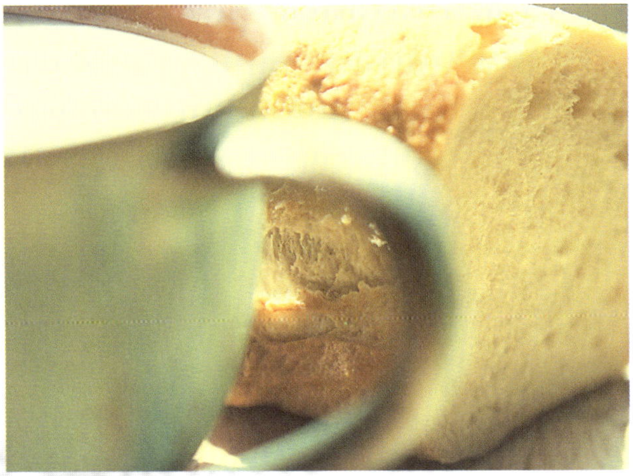

Sonntagsbrot

Ein Kapselweißbrot für besondere Tage

Zutaten:
1,5 kg Weißmehl
$^{1}/_{4}$ bis $^{1}/_{2}$ l Milch
20 bis 30 g Salz
60 bis 80 g Butter
30 bis 40 g Hefe

Zubereitung:
Von der Hefe, etwas lauwarmer Milch und Mehl bereitet man einen Vorteig. Dann gibt man die übrigen Zutaten zu und knetet einen festen Teig. Man lässt ihn 1 Stunde gehen und gibt ihn in zwei bestrichene Kapselformen. Nachdem der Teig dort nochmals 20 Minuten gegangen ist, backt man das Brot bei 200 °C eine knappe Stunde.

Reines Weißbrot war lange Zeit das klassische Sonntagsbrot und wurde für „Kindbetterinnen“ gekauft oder gebacken. Es bedurfte stets eines besonderen Anlasses, damit es auf den Tisch kam. Erst spät gelangte es auf dem Umweg über die Klöster zu den Bäckern und in die ländlichen Haushalte. In den Städten gab es außerdem Weiß-, Schwarz- und Süßbäcker. Erst im Zuge der Diskussion um eine gesunde Ernährung verlor das reine Weißbrot an Attraktivität.

Kindheitserinnerung: Zu Besuch bei den Großeltern am Sonntagnachmittag. Es ist Spätherbst. Großvater holt das Sonntagsbrot aus der Küche, dazu frische Butter, Marmelade und Honig vom Nachbarn.

Kindbett

Der Markgraf und die Mademoiselle

Ihrem letzten Markgrafen verdanken die Ansbacher ein eigenwilliges Kleingebäck. Alexander (1736 bis 1806) lernte nämlich auf einer seiner Reisen die französische Schauspielerin Hippolyte Clairon in Paris kennen. 1770 lud er sie an seinen Hof ein. Dort gefiel es ihr wohl gut und auch von der Bevölkerung wurde sie geachtet, so dass sie 17 Jahre lang blieb. Nur an das Brot, so heißt es, konnte sie sich nicht so recht gewöhnen. Sie vermisste ihr zartes französisches Weißbrot so sehr, dass ihre Laune darunter litt. Dies blieb auch dem Markgrafen nicht verborgen, doch er wusste den Grund dafür zunächst nicht. Schließlich klärte das Stubenmädchen Denise, das Mademoiselle Clairon aus Paris mitgebracht hatte, den Markgrafen auf. Und sie hatte auch gleich eine Idee. Ihr geliebter Christian, ein Bäckergeselle, könne das so begehrte französische Brot sicher nachbacken, wenn er nur ein Muster hätte. Da galt es nicht lange zu überlegen. Ein Kurier wurde losgeschickt und kurze Zeit später wurde das Brot in der Residenz abgegeben. Nun gelang es dem Bäckergesellen Christian tatsächlich, die geliebten Weißbrotsemmeln nachzubacken. Die gute Laune der Schauspielerin war gerettet, der Markgraf zufrieden und der Bäckergeselle wurde zum Hofbäckermeister ernannt. Täglich buk er nun die „Claironwecken". Diese blieben aber kein adliges Privileg. Unter dem Namen „Klärungsweckli" konnte wenig später auch die breite Bevölkerung diese Spezialität erwerben.
Worin aber besteht der Unterschied zu einer heutigen Milchsemmel? Im Prinzip, so heißt es, nur darin, dass das Weißbrot von Mademoiselle vor dem Einschießen in den Backofen mit „Eistreiche" überzogen werden soll. Dies gebe eine kräftige Bräunung der Kruste. So hatte Christian Friedrich Carl Alexan-

der von Brandenburg-Bayreuth und Ansbach zwar keine Machtpolitik mehr betreiben können, dafür aber eine Art von „europäischer Backpolitik“. In der Bäckerei Eberlein, gegenüber der ehemaligen Residenz, in der heute die Regierung von Mittelfranken untergebracht ist, lässt sich diese Ansbacher Spezialität noch erwerben.

Wer heute in Frankreich ein Baguette kauft, der merkt sehr schnell, dass man so was nicht einfach kopieren kann. Auch bei uns gibt es ja das Baguette zu kaufen, aber es schmeckt durchaus verschieden. In Frankreich wird Weißbrot mehrmals am Tage gebacken und auch gekauft. Ein echtes Baguette ist je nach Gewicht 40 bis 80 cm lang. Es besitzt eine goldbraune und extrem knusprige Kruste. Die Krume ist locker, großporig und unregelmäßig. Um den typischen Brotgeschmack und das echte Aroma zu erreichen, arbeiten die französischen Bäcker mit Weizenvorteig oder Weizensauerteig.

Wirtshausschilder in Waldenburg
und Künzelsau (rechts)

Von Back- und Weinstuben

Bis ins 19. Jahrhundert gab es kaum ein Fleckchen, an dem man sich nicht mit dem Weinbau versucht hat. Nicht nur im lieblichen Taubertal oder an den Hängen des unteren Jagst- und Kochertals wurden Reben gepflanzt. Anhand von Flurnamen und Oberamtsbeschreibungen lässt sich der Weinbau auch in Gaildorf, Kirchberg an der Jagst, Langenburg und in der Gegend um Crailsheim nachweisen. Es gibt Bilder der Reichsstadt Schwäbisch Hall, auf denen im Hintergrund die üppigsten Weinberge zu sehen sind.

Das 16. Jahrhundert wird auch das Saufjahrhundert genannt. Martin Luther warnt seine Landsleute vor der Teufelei des Weinschlauchs und beschreibt den Durst als die größte Plage Deutschlands. In hohem Maße galt das wohl für die Ausschweifungen der Obrigkeit. Von einer Fürstenhochzeit im markgräflich-ansbachschen Schloss Crailsheim wird berichtet, wie der Kammerschreiber und ein Hoftrompeter, vom Alkohol gezeichnet, tot vom Platz getragen werden mussten. Prinz Albrecht konnte nur durch ärztliche Kunst aus der Besinnungslosigkeit geholt werden und selbst die Kammerjungfern waren nicht mehr nüchtern.

Immer neue Weinberge wurden angelegt, so dass man zu Beginn des 17. Jahrhunderts auf dem Gebiet des heutigen Württemberg etwa 45 000 Hektar Rebland bewirtschaftete. Ob die Qualität des Weines ordentlich war, darf bezweifelt werden. Doch darauf kam es offensichtlich gar nicht so an. Man mengte nach Gutdünken Wasser und Kräuter unter den Wein, um ihn genießbar zu machen. Durch eine einsetzende Klimaverschlechterung und die Entwicklung des Kleingewerbes ging der Weinbau im

Hohenlohischen dann zurück. Bereits im Dreißigjährigen Krieg verödeten viele Rebstöcke und setzte eine Konzentration auf die besseren Lagen ein. Die Gerabronner Oberamtsbeschreibung von 1847 notiert: „Menge und Güte des Ertrags im Jagsttal lohnt die Mühe der Bebauung in gewöhnlichen Jahren wohl kaum." Mitverantwortlich dafür war, dass das Königreich Württemberg, zu dem man inzwischen gehörte, selbst über genügend Rebfläche verfügte. Außerdem begann nun die Zeit der Zuckerrübe. Zucker wurde billig und Süßes war begehrt. Der sogenannte Gipspfarrer aus Kupferzell, Johann Friedrich Mayer, propagierte die Mostbirne und so wurde auf dem Bauernhof der Wein durch den Most abgelöst.

Auf andere Weise blieb man in Schwäbisch Hall mit dem Wein verbunden. Wenn auch der große Fruchtkasten über der Stadt zeigt, dass der Reichtum der Haller Landwehr – die reichsstädtischen Gebiete rund um die Stadt – auf dem Kornfeld und nicht auf dem Weinbau beruhte, so hatten doch einige Bürger Rebbesitz kocherabwärts. Außerdem betrieb man den Weinhandel, nicht zuletzt im Tausch mit hällischem Salz. Manch eisenbeschlagenes Kellertor erinnert an jene Zeit. Und mancherorts weisen Wirtshausschilder darauf hin, dass die Bäckerei im Hinterstüble eine Weinwirtschaft hatte, oder die zum Wein gereichte Brezel mal eben von der benachbarten Backstube geliefert wurde. An der Grenze zum benachbarten Bayern findet man noch heute ein Körbchen mit frischen Semmeln und Brezeln auf den Tischen der Gasthäuser.

Brot und Spiele

Zur Zeit, als die Menschen in „Germanien“ noch ihren Getreidefladen als Hauptmahlzeit zu sich nahmen, boten im fernen Italien bereits die römischen Stadtbäckereien ihre Produkte der Bevölkerung an. Dort hatte sich bereits in republikanischer Zeit eine „Brot und Spiele“-Politik in Sinne einer permanenten Bestechung der Stadtbevölkerung herausgebildet. Die römischen Kaiser erließen zunächst Getreidegesetze: Jeder römische Bürger sollte das Recht haben, eine bestimmte Menge Getreide monatlich zu einem festgesetzten Preis kaufen zu können. Nach dem Motto „Tue Gutes und rede darüber“ verzichteten großzügige Kaiser sogar auf Entgelt und führten Lebensmittelmarken ein, mit denen jeder, der das römische Bürgerrecht besaß, kostenlos ein bestimmtes Quantum an Getreide für sich beanspruchen konnte. Selbst Geldspenden verteilten die römischen Machthaber und verschenkten Naturalien wie Öl, Fleisch und sogar Kleidungsstücke an die Bevölkerung, um ihre Herrschaft zu stabilisieren. Das Volk wurde dadurch bei Laune gehalten, Unzufriedenheit sollte erst gar nicht aufkommen. Dazu dienten auch die damaligen Freizeitvergnügen, Gladiatorenkämpfe, Wagenrennen und Theateraufführungen. Die dazu benötigte Zeit und Muße erreichte man durch Einführung immer neuer Festtage. Im 1. und 2. Jahrhundert hatte man sage und schreibe 130 Tage im Jahr für Feste und Feiern reserviert. Dass Rom dennoch kein Freizeitpark war, zeigt der Vergleich mit der heutigen Zeit: Ausge-

Achtlos am Boden: Weißbrotreste vor der Arena. Von der Speise des Adels zum Wegwerfartikel der Massen

hend von sieben Arbeitstagen damals bedeuten 130 Tage nicht mehr als Samstag und Sonntag frei plus vier Wochen Urlaub. Ob die Qualität heutiger Massenunterhaltung sich stark von der der römischen Kaiserzeit abhebt, ist eine offene Frage.
Es ist allerdings nicht zu übersehen, dass ein System von „Brot und Spielen“ auch seine positiven Seiten hat. Künstlerische Leistungen wurden gefördert und breite Volksschichten wurden an kulturellen Veranstaltungen beteiligt. Nicht zu vergessen die „Badekultur“, die es allen Bürgern ermöglichte, die Thermen als Treffpunkt und zur Entspannung in Anspruch zu nehmen. Dies hat, wie man entlang des Limes erkennen kann, auch unseren Vorfahren mächtig imponiert. Im Jagsthausener Freilichtmuseum beispielsweise stößt man auf Spuren solcher Römerbäder.

Limesbrot

Ein römisches Soldatenbrot in Anlehnung
an ein Rezept von Cato, dem Älteren

Zutaten:
200 g Roggenkörner und 300 g Weizenkörner
0,2 l Traubenmost
30 g salziger Schafskäse (z. B. Pecorino)
je 1 Messerspitze zerstoßener Kreuzkümmel und Anissamen
1 zerriebenes Lorbeerblatt

Zubereitung:
Roggen und Weizen grob mahlen. Mit den restlichen Zutaten in einer Schüssel vermengen und zu einem weichen, feuchten Teig kneten. Eine Stunde gehen lassen. Der Roggen- und Weizenschrot quillt etwas auf, dadurch wird der Teig recht fest. Bei 200 °C eine Stunde backen.

Es ist wichtig, Traubenmost und keinen Traubensaft zu verwenden, da die Flüssigkeit als Treibmittel gedacht ist. Wenn kein Most vorhanden ist, muss Hefe verwendet werden. Die Backzeit hängt von der Größe der Laibe ab. Man formt am besten die für römisches Brot typische runde Form mit radialen Einkerbungen auf der Oberseite, die das Zerteilen in gleichgroße Stücke erleichtert. Das Nachbacken alter Rezepte ist deshalb nicht ganz einfach, weil in den Originalrezepten oftmals die Mengenangabe und auch die genaue Zubereitungsart nur spärlich beschrieben werden. Beim Ausprobieren unterliegt man gerne zwei Gefahren: Entweder man geht angesichts der fremd anmutenden Geschmackskombinationen zu vorsichtig zu Werk und hält sich sehr zurück. Das Ergebnis ist dann langweilig und

charakterlos. Oder man geht so kühn zu Werk, dass es bei intensiv schmeckenden Zutaten wie Kreuzkümmel oder Lorbeer zu Unstimmigkeiten kommt. Man sollte also schrittweise nachschmecken und gegebenenfalls nachwürzen.

Schwarzbrotpudding

Nach einer kräftigen Suppe ein gängiges fränkisches Alltagsessen

Zutaten:
6 Eier
150 g Butter
125 g Zucker
1 Päckchen Vanillezucker
3 EL Obstbrand
200 g geriebenes Schwarzbrot
100 g geriebene Schokolade
½ TL Zimt
1 Messerspitze Nelken
Fett und Brösel für die Puddingform

Zubereitung:
Die Eier trennen und das Eiweiß zu Schnee schlagen. Butter, Zucker und Vanillezucker schaumig rühren, die Eigelbe zugeben und rühren, bis eine dickliche Masse entsteht. Den Obstbrand über das Brot geben. Schokolade, Brot und Gewürze unter die Masse rühren und zuletzt den steifen Eischnee vorsichtig unterrühren. In eine gut gefettete, mit Bröseln ausgestreute Wasserbadform füllen und diese schließen. Den Brotpudding etwa 60 Minuten im Wasserbad kochen. Dazu serviert man Weinschaumsoße oder Vanillesoße.

Im Sommer schmecken Erdbeeren gut dazu

atisch

Der Pudding stammt von anno dazumal, als man sich nicht vorstellen konnte, dass man eines Tages angerührte Fertigprodukte als Pudding bezeichnet würde. Man benötigt zwar Zeit und die richtige Puddingform dazu, aber der Aufwand lohnt. Das Rezept lässt sich durch Zugabe von geriebenen Mandeln und kandierten Früchten noch einmal verfeinern.

Nach Ende des Zweiten Weltkrieges herrschte auch im Südwesten Deutschlands Ärztemangel. Die Verantwortlichen sahen sich zum Handeln gezwungen und man bemühte sich um ausländische Mediziner. Zahlreiche Ärzte und Zahnärzte aus dem Norden Europas ließen sich damals in unserer Region nieder. Die Hohenloher lernten Knäckebrot und Smørrebrød kennen und waren erstaunt, wie phantastisch dunkles Vollkornbrot mit Fisch harmoniert. Manch skandinavisches Brotgebäck kommt freilich zumindest dem Namen nach recht unscheinbar daher. „Dänisches Graubrot“ zum Beispiel. Schmeckt jedoch hervorragend zur Fisch- oder Gemüsesuppe oder als Smørrebrød (Butterbrot), dünn geschnitten und vielseitig lecker belegt.

Kerniges Roggenbrot

Rezept einer skandinavischen Familie, die im Hohenlohischen heimisch geworden ist.

Zutaten:
1 Portion leichter Sauerteig
(90 ml, wie Hefe beim Hefeteig)
500 g geschnittene oder geknackte Roggenkerne
200 g Weizenmehl
150 ml lauwarmes Wasser
2 TL Salz
600 g grobes Roggenmehl

Zubereitung:
Den Sauerteig mit 240 ml Wasser, den Roggenkernen und dem Weizenmehl anrühren. Den Teig in einer zugedeckten Schüssel 24 Stunden gehen lassen. 150 ml lauwarmes Wasser, Salz und Roggenmehl zufügen und den Teig kneten. 90 ml als Startportion fürs nächste Mal zur Seite legen. Den Teig in eine gebutterte Form geben und an einer lauwarmen

Graubrot, optimal passend zu Roastbeef, kräftigem Rohmilchkäse aus der Region oder geräuchertem Fisch

Stelle etwa 2 Stunden gehen lassen. Den Laib mit einer Gabel tief einstechen und anschließend mit Wasser bepinseln.
Backzeit: etwa 1 ½ Stunden bei 200 °C.
Das Brot aus der Form nehmen und in ein feuchtes Küchenhandtuch einschlagen, bis es restlos ausgekühlt ist.

Dänisches Graubrot

Schmeckt zur Fisch- oder Gemüsesuppe
oder als Smørrebrød lecker belegt

Zutaten:
0,1 l Wasser
0,2 bis 0,3 l Buttermilch
25 g Hefe
2 TL Salz
1 EL Öl
500 g fein gemahlenes Roggenmehl

Zubereitung:
Das Wasser erwärmen und die Buttermilch hinzufügen. Die Hefe in dieser Mischung auflösen. Salz und Öl hinzugeben. Das Mehl in kleineren Portionen hineinkneten, bis der Teig sich leicht und geschmeidig anfühlt. Den Teig mindestens eine halbe Stunde an einem lauwarmen Platz gehen lassen. Danach noch einmal vorsichtig kneten. Rundes oder längliches Brot formen. Den Laib auf ein mit Mehl bestreutes Backblech legen und noch einmal 20 Minuten gehen lassen. Das Brot mit der Gabel vorsichtig anpieksen und mit kaltem Wasser bepinseln. 40 Minuten Backzeit bei 200 °C im Elektroherd.

Austernbrot

Ein Rezept vom Parkhotel Ilshofen

Zutaten:
500 g Roggenschrot
500 ml Wasser (ca. 70 °C)
15 g Salz
230 g Roggenmehl Type 1150
25 g Hefe
50 g Sonnenblumenkerne
50 g Kürbiskerne
20 g Malzextrakt
100 g Sauerteig vom Bäcker

In guten Restaurants wird dieses Brot gerne zu frischen und marinierten Meeresfrüchten gereicht.

Zubereitung:
Roggenschrot, Wasser und Salz gut mischen und über Nacht stehen lassen. Danach mit den übrigen Zutaten gut durchkneten. 40 bis 50 Minuten bei Raumtemperatur stehen lassen. Den Teig in drei Stück zu jeweils 500 g teilen. In eine runde Form bringen, mit Wasser bestreichen und in Haferflocken wälzen. In eine gefettete Form geben, zum Beispiel in eine Konservendose der Größe 850 ml. Etwas stehen lassen und bei 220 °C auf die mittlere Schiene des Backofens geben. Nach 15 Minuten die Hitze auf 190 °C reduzieren. Gesamtbackzeit: 60 bis 70 Minuten.

Sonnenblumenbrot

Fühlt sich neben dem gekochten Ei
auf dem Frühstückstisch am wohlsten

Zutaten:
500 g Weizenmehl
150 g Roggenmehl
1 Würfel Hefe
1 EL Salz
¼ l lauwarmes Wasser
¼ l Milch
200 g Sonnenblumenkerne

Zubereitung:
Das Mehl in eine Schüssel geben, mit dem Salz vermengen und in der Mitte eine Mulde formen. Hefe mit der Hälfte der angegebenen Wassermenge verrühren, in die Mulde gießen und mit etwas Mehl andicken. Etwa 20 Minuten gehen lassen. Danach mit den restlichen Zutaten zu einem geschmeidigen Teig verarbeiten. Einen runden Laib formen und auf dem Blech noch kurze Zeit gehen lassen. Brot mit Wasser bestreichen und mit einer Gabel ringsum einstechen. Eine Tasse heißes Wasser auf den Backofenboden stellen und vorheizen. Sobald das Wasser im Backofen kocht, Brot einsetzen. Backzeit: 50 Minuten bei 250 °C, dann 30 Minuten bei 200 °C. Danach im ausgeschalteten Ofen noch einige Minuten ruhen lassen.

veredelt

Körnlesbrot

Dem bekannten AOK-Laible nachempfunden

Zutaten:
300 g Dinkelvollkornmehl
50 g Kartoffelmehl
100 g Weizenmalzflocken
100 g Roggenmalzflocken
1 TL Jodsalz
1 TL Brotwürzmischung (Koriander, Fenchel, Kümmel)
150 g Sauerteig
350 ml Wasser
1 Würfel Hefe
50 g Haferflocken
50 g Sojakerne

Zubereitung:
Dinkelvollkornmehl, Kartoffelmehl und Weizen- sowie Roggenmalzflocken mischen. Kuhle bilden, darin Sauerteig und Hefe in wenig Wasser auflösen und 20 Minuten gehen lassen. Salz und Würzmischung zufügen und mit dem restlichen Wasser verkneten. Nochmals 30 Minuten gehen lassen. Danach Haferflocken und Sojakerne in den Teig kneten. Laib formen und 20 Minuten ruhen lassen. Zum Schluss den Laib mit Wasser bestreichen und mit weiteren Haferflocken und Sojakörnern bestreuen.

Backzeit: Bei 250 °C ca. 20 Minuten. Die Temperatur auf 200 °C reduzieren und weitere 50 Minuten zu Ende backen.

Das ideale Doppel für jeden Morgen – bewusste Ernährung und sportliche Aktivität

Aus bestem Schrot und Korn

Ein besonderes und gesundes Brot

Brot von der Krankenkasse? Ja! Auch wenn nicht auf Rezept vom Arzt, dann aber auf Empfehlung der AOK-Ernährungsberaterinnen. Denn seit Jahrhunderten ist Brot ein gesundes Nahrungsmittel des Menschen. Ganz besonders gilt das für Vollkornbrote aus Vollkornmehl und Vollkornschrot. Ganze

ders G sund’s

Körner und die essbare Oblate mit der Aufschrift „AOK-Brot“ runden das Prädikat „gesundes Brot“ ab. Die besonderen Vorzüge dieses Dinkelvollkornbrotes sind der hohe Ballaststoffanteil, die Verwendung von jodiertem Speisesalz und selbst hergestelltem Sauerteig sowie der um 25 % verminderte Salzgehalt. Das Getreide liefern Landwirte aus der Region Hohenlohe. Die Mehlmischung für das AOK-Brot stellt die Steinmühle Hofmann in Schöntal-Sindeldorf zusammen und beliefert BÄKO, den Großhandel für das Backhandwerk. Zusammen mit den AOK-Ernährungsberaterinnen der Region sowie Bäckern und Müller Hofmann wurde die Rezeptur 1993 kreiert. Bald hatte das zunächst etwas kritisch betrachtete „gsunde Körnlesbrot“ viele Liebhaber gefunden. Es wird nach wie vor in vielen Hohenloher Bäckereien angeboten.

Das Dinkelmehl wird speziell für das AOK-Brot auf einem alten, wieder in Betrieb genommenen Mahlgang aus Urgroßvaters Zeiten langsam und schonend mit Mahlsteinen gemahlen. Das jodierte Speisesalz hilft bei der Vorbeugung gegen Schilddrüsenerkrankungen, und der reduzierte Salzgehalt beugt gegen Bluthochdruck vor.

Aus ungespritztem Getreide und naturbelassenem Mehl: Biobrot auf dem Haller Bauernmarkt.

Schafs-, Trollinger- und Mostkäse, Ziegencamembert, Honhardter Bauernkäse, Blauschimmel und Jagsttaler. Probieren kann man den abgebildeten Käse in verschiedenen Hofläden, auf den Märkten in Crailsheim, Schwäbisch Hall und Obersontheim.

Im Schwäbisch Haller Museumsdorf Wackershofen können auf dem Süddeutschen Käsemarkt außergewöhnliche Käsesorten probiert werden.

Von der Lust am Käse

Rohmilchkäse aus Hohenlohe

Zum Brot ein kräftiger Bauernkäse aus der Käserei der Honhardter Demeterhöfe oder den würzigen Mostkäse aus der vor nicht allzu langer Zeit eröffneten Dorfkäserei in Geifertshofen. Ebenfalls in Geifertshofen produziert Familie Maisch vom Reutenbachhof ihren mehrfach prämierten Frischkäse. Schafskäse wird auf dem Hof der Familie Fischer in Langenburg-Atzenrod hergestellt. Vom Frischkäse bis zum Blauschimmelkäse reicht das Angebot. Die Qualität der Produkte hat sich in der Region herumgesprochen und wer probieren will, der kann direkt auf dem Hof einkaufen. Auch was in Frankreich als Delikatesse gilt, wird hier zu Lande von Feinschmeckern mehr und mehr entdeckt. So zum Beispiel der Ziegenkäse von Arnulf und Ingrid Bischoff aus Ilshofen-Unteraspach. Ihre Produkte verkaufen die beiden auf Wochenmärkten oder am frühen Abend ab Hof. Ziegencamembert und die tollsten Hartkäse mit und ohne Kräuter kann man ebenso erwerben wie Quark, Frischkäse oder Joghurt.

Zugemauerte „Bäckerläden" im ehemaligen Brothaus

Das alte Rothenburger Brothaus

Gleich neben dem Rathaus zu Rothenburg ob der Tauber steht eines der charaktervollsten Gebäude der Stadt, das Brothaus. Nachforschungen in alten Archiven lassen manches aus der Geschichte des Hauses wieder lebendig werden. Zu alter Zeit erfolgte der Verkauf von Brot und anderen Backwaren auf Bänken oder Schragen auf dem Marktplatz. Deren Zahl war festgelegt, wurde vererbt oder verpachtet. Das älteste Rechtsbuch der Stadt bestimmte sehr genau, dass jeder Bäcker nur einen Stand haben durfte und das Verkaufsgebaren, vor allem die Qualität und das Gewicht des Brotes jederzeit kontrollierbar sein mussten. Bewegliche Verkaufskarren waren deshalb verpönt und teilweise auch verboten. Nun wuchs die Stadtbevölkerung an und somit auch das rege Treiben auf dem Marktplatz. Dabei behinderten Regenwetter, Sturm, aufwirbelnder Staub und Ungeziefer den offenen Verkauf, ganz zu schweigen von herumliegenden Fäkalien. Die Kontrolle durch städtische Beamte – Vorläufer des heutigen Wirtschaftskontrolldienstes – wurde erschwert und so erwuchs die Notwendigkeit, den Brotverkauf in ein Gebäude zu verlegen. Im Rothenburger Statutenbuch von 1382 wird verfügt, dass jeder Bäcker im Brothaus nur einen Laden haben soll. Nirgends sonst durfte Brot verkauft werden. Der Hausvater des Waisenhauses bekam das Recht eingeräumt, dort für seine Kinder Brot zu erbetteln. Außerdem verdiente die Stadt durch die Verleihgebühren der Stände im Haus nicht schlecht. In späteren Zeiten wurde der strikte Brothauszwang gelockert, so dass man zu-

mindest Brötchen auch anderswo feilbieten durfte, allerdings nur, wenn der Laden zuvor durch drei Meister begutachtet worden war. Später hat sich das Haus zu einer Verkaufsstätte für auswärtige Bäcker sowie für die kleineren und in den Nebengassen gelegenen Bäckereien entwickelt. Die reichen Bäcker machten nicht mehr viel Gebrauch vom Brothaus. Und nicht zuletzt wegen den Öffnungszeiten gab es immer wieder Ärger. In einer Brothausordnung von 1697 wird die Reihenfolge der dort zum Verkauf berechtigten Bäcker geregelt. Und – man höre und staune – die Frage, ob man sonntags frische Brötchen und frisches Brot verkaufen dürfe, wurde umgehend bejaht und in Gesetz gegossen. Nur das laute Schreien und Rufen im Brothaus wollte man nicht haben, genauso wenig war es erlaubt, fremdes Personal ins Brothaus zu setzen.
Am Ende der Reichsstadtzeit hatte das Brothaus ausgedient. Die Stadt verkaufte es an einen Kaufmann, der darin eine kleine Fabrik einrichtete. Dann wurde das Gebäude zurückgekauft, anderweitig verwendet, stand einmal leer und wurde wieder verkauft. Heute beherbergt es einen über die Grenzen der Region hinaus bekannten ganzjährigen Weihnachtsmarkt.

Vielfalt

Emmer

– auch Zwiekorn genannt –
hart und kristallin

Dinkelfeld bei Ilshofen

Einkorn und Emmer – ein Korn vom Feinsten

Im Gebiet zwischen Euphrat und Tigris kultivierte man vor langer Zeit ein Wildgras, das man später als Einkorn bezeichnet hat. Man findet in dessen Ährchen nur ein einziges Korn. Aus einer Kreuzung von Einkorn und Wildgras entstand wiederum eine Kulturform, die wir heute als Emmer bezeichnen. Die reifen Ährchen in der Ähre des Emmers enthalten in der Regel zwei Körner. Die beiden Getreidearten wurden bis zum Aufkommen des Dinkels und später des Weizens auch in unserer Region angebaut.

Kamut

buttrig im Geschmack,
robuste Form,
ideal für Allergiker

Dinkel

das Korn ist von der Spelze
eingeschlossen und muss erst
davon befreit werden

Durch zunehmende Intensivierung der Landwirtschaft und die Spezialisierung auf Hochertragsgetreidesorten verschwanden diese beiden Getreidearten fast vollständig von unseren Feldern.
Der ökologisch orientierte Landbau hat erst in den vergangenen Jahren diese Getreidesorten wieder entdeckt. Dies gilt vor allem für das Einkorn. Einige Biobauern aus dem süddeutschen Raum bringen Einkorn wieder auf die Felder. Am Rande der Ellwanger Berge ist es im Sommer zu bestaunen, und auf dem Crailsheimer Wochenmarkt kann man Brot, mit Einkorn und Emmer gebacken, kaufen.
Klar ist, dass hohe Erträge nicht erreicht werden können. Künstlich nachhelfen lässt sich nicht, denn der Emmer verträgt keine Düngung. Im Gegenteil.

Einkorn wächst auf Grenzertragsböden, ist arbeitsintensiv und das Preisniveau ist relativ hoch. Aber der Weg vom Korn zum Brot lohnt sich. Zum einen wegen des hohen Nährstoffgehalts, zum anderen wegen des unvergleichlich nussigen Aromas. Ähnlich wie der „ungekreuzte“ Dinkel erweist sich dieses Getreide als allergikerfreundlich. Das weiche Korn zerfällt beim Mahlen zu feinem, goldgelbem Mehl mit wenig Schalenanteil. Wer grobe Vollwertkost nicht mag, findet hier den idealen Einstieg in eine gesunde Ernährung. Durch einen sehr hohen Kleberanteil eignet sich Einkorn ideal zum Kochen und Backen. „Mit seinem zarten Erscheinungsbild“, so sagen die Biobauern, „seinen feinen Trieben und der filigranen Gestalt seiner Halme ist Einkorn die Feinste unter den Getreidesorten.“ Emmer dagegen beweist sich gegenüber seiner „zarten Schwester“ als der Vorläufer der Hartweizenarten. Man kann ihn in der eigenen Haushaltsmühle leicht schroten und herzhafte Griessuppen, Brot und Nudeln herstellen.

Einkorn, der Hausberg von Schwäbisch Hall

Flurnamen

In Süddeutschland war seit jeher der Dinkel die Hauptbrotfrucht. Auch im Hohenlohisch-Fränkischen erinnern Ortsnamen wie Speltach, Dinkelshausen oder Dinkelsbühl an den bevorzugten Anbau von Dinkel. Das Korn oder „Spelz" war ein hervorragendes Getreide, von dem schon Hildegard von Bingen schrieb: „Der Dinkel ist das beste Getreide, er bereitet dem, der ihn isst, rechtes Fleisch und Blut und er macht frohen Sinn und Freud im Gemüt des Menschen."
Dieses Anti-Depressivum, das schon von den Kelten angebaut wurde, verlor in der Mitte des 19. Jahrhunderts zunehmend seine Bedeutung. Erstens ist der Dinkel dem Weizen im Ertrag unterlegen. Seine Ähren und langen Halme sind dünn und leicht brüchig. Und es bedarf bei seiner Verarbeitung eines extra Arbeitsganges. Dinkelkorn ist nämlich in einem festen Spelz eingeschlossen und muss davon befreit werden. Beim sogenannten Gerbgang drehten sich auf den Höfen zwei Mühlsteine übereinander. Gerade das Abfallprodukt, der Spelz, macht dieses Getreide heute wieder so wertvoll. Der Spelz nämlich hat für das Getreide eine Schutzfunktion. Er schützt vor Umwelteinflüssen und Pilzbefall. Durch ein verzweigtes Wurzelwerk kann diese Getreideart viel Stickstoff binden, sie wird deshalb gerne in Wasserschutzgebieten angebaut, da sie so gut wie keine Düngung benötigt.

Speltachaue

Emmernockerl in Tomatensoße

Einkorn

filigrane Form, mild und fein im Geschmack

ein heiliges

Pharaonenweizen

Der Legende nach bekam 1949 ein amerikanischer Soldat in Polen eine Hand voll Getreidekörner von ungewöhnlicher Größe geschenkt. Angeblich stammten sie aus einem ägyptischen Königsgrab. Der Soldat schickte die Körner seinem Vater, einem Farmer in Montana, der sie einsäte. Da das Getreide im Verkauf keinen Anklang fand, geriet es bis Mitte der 70er Jahre in Vergessenheit. Erst dann wagten zwei Weizenfarmer aus Montana erneut den Versuch, das Getreide auf den Markt zu bringen. Auf der Suche nach einem Namen stießen sie auf das altägyptische Wort „Kamut“ für Weizen. Der Pharaonenweizen ist ein alter Verwandter zu unserem Hartweizen. Vor etwa 6000 Jahren säten die Ägypter den ersten Weizen an und gaben ihm den Namen „Kamut“, „die Seele der Erde“. Dieses Getreide wurde als etwas Heiliges verehrt und in den sieben fetten für die sieben mageren Jahre eingelagert.

Das Sommergetreide passt sich gut an raues Klima und extreme Temperaturen an, hat allerdings einen geringen Ertrag und ist nicht einfach anzubauen. Aufgrund des hohen Glutengehalts wurden aus Kamut zunächst Teigwaren hergestellt. Mittlerweile hat sich die Angebotspalette in den USA auf Brot, Flocken, Snacks und anderes ausgedehnt. Auch bei uns sind mittlerweile Brot und Teigwaren aus Kamut in Naturkostläden erhältlich. In der Gegend um Weikersheim hat man Erfahrung mit dem Anbau gesammelt, ebenso wie auf einigen Feldern südlich von Crailsheim. Vergleicht man herkömmlichen Weizen mit dem Urweizen, fällt auf, dass dieser deutlich mehr Eiweiß und entscheidend mehr Mineralstoffe und ungesättigte Fettsäuren aufzuweisen hat. Auch geschmacklich findet der sanfte nussartige Ton Anhänger.

Alte Getreidesorten sind wieder im Kommen. Die Bioland-Erzeugergemeinschaft in Schrozberg gibt sie auch in kleinen Mengen ab.

Korn

Kamutbrötchen

Köstlichkeit nicht nur für Allergiker

Zutaten:
500 g Kamut-Vollkornmehl
200 ml Wasser
1 Würfel Hefe
15 g Salz
1 Ei
100 g Butter
25 g Honig

Zubereitung:
Mehl, Wasser, Hefe, Salz und Ei nach und nach mit warmer Butter und Honig zu einem weichen Teig kneten. Den Teig eine Stunde gehen lassen. Noch einmal kneten, Brötchen formen und eine weitere halbe Stunde ruhen lassen. Im Ofen bei 220 °C 20 bis 30 Minuten backen.

Lässt man den Honig weg, kann der Teig dieses Rezeptes mit Spinat oder Schafskäse zu gefüllten Täschchen verarbeitet werden.

mit Laib &

Der Unterschied liegt auf der Zunge. Selbstgebackenes Brot vom Buchenhof am Rand der Ellwanger Berge ist fast unübertrefflich. Dabei bringt Familie Schöll auch die alten Getreidesorten Dinkel, Einkorn und Emmer wieder zu Ehren. Die richtige Mischung macht's. Besonders beliebt ist zum Beispiel das Roggen-/Dinkelbrot mit einem Anteil von 10 % Emmerschrot.

Seele

Hanf

Ein Gewächs, das auffällt. Hanfstauden können bis zu drei Meter hoch werden.

Hanf (lat.: Cannabis) ist eine der ältesten Kulturpflanzen der Welt und seit der Änderung des Betäubungsmittelgesetzes im Jahr 1996 ist es erlaubt, suchtstoffarme Hanfsorten wieder anzubauen. Schon in früheren Zeiten hat man die Samen zu Mehl gemahlen und zum Backen verwendet. Durch das Auspressen der Samen wird reichlich Öl gewonnen, das nicht nur im Ernährungsbereich Anwendung findet. Weder der Samen noch das daraus gewonnene Öl enthalten THC (Tetrahydrocannabinol), sie erzeugen also keine berauschende Wirkung. Hanfsamen und Öl schmecken leicht nussig, lassen sich leicht verarbeiten und sind sehr gesund. Gute Gründe, sich auf ein altes Nahrungsmittel wieder zu besinnen und etwas Abwechslung in die Küche zu bringen. In Hohenlohe wird in der Ilshofener Ebene vereinzelt wieder Hanf angebaut und Familie Stier aus Kleinallmerspann bei Kirchberg an der Jagst hat sich einiges an Kenntnissen über das Maulbeergewächs angeeignet und viele Rezepte mit Cannabis-Samen ausprobiert. Hanfsamen bekommt man außer in auf Hanf spezialisierten Geschäften auch in gut sortierten Reformhäusern. Er sollte frisch verwendet und vor der Verarbeitung gründlich gewaschen werden.

Der würzige Charakter des Hanfbrotes harmoniert gut mit im Teig eingebetteten Bratwürsten

Hanfbrot aus Kleinallmerspann

Zutaten:
200 g Hanfsamen (davon 100 g gemahlen)
400 g Weizenvollkornmehl (Type 1200)
2 Päckchen Trockenhefe
275 ml Buttermilch
ca. 150 ml Wasser
1 ½ TL Salz

Zubereitung.
Den ungemahlenen Hanf zwei Tage in Buttermilch einlegen. Anschließend alle Zutaten vermengen, bis eine Hefeteigkonsistenz entstanden ist. Etwa 1 Stunde gehen lassen. Masse nochmals durchkneten. Das Brot formen, auf ein Backblech setzen und nochmals ½ Stunde gehen lassen. Den Backofen auf 220 °C vorheizen, das Brot hineingeben und nach 20 Minuten den Ofen auf 175 °C herunterschalten. Weitere 45 Minuten backen lassen.

Kräuterlende im Brotteig

Warm zu Blattsalaten und leichtem Rotwein

Zutaten:
1 Schweinefilet, ca. 500 g schwer, vom Metzger zu einer Platte aufschneiden lassen
200 g Bratwurstbrät
30 g Gemüse (Karotten, Sellerie, Lauch) fein gewürfelt
2 EL gemischte Kräuter, fein gehackt
1 kleine gewürfelte Zwiebel (geröstet)
1 EL Frühlingszwiebelröllchen
50 g geriebener Gouda
eine Prise Salz, Pfeffer aus der Mühle
eine Prise Muskat
300 g Mischbrotteig

Zubereitung:
Den Backofen 10 Minuten auf 180 °C vorheizen. Brät, geröstete Zwiebeln, Gouda, Gemüse, Kräuter, Muskat, Pfeffer, Salz und Zwiebelröllchen gut mischen und dann gleichmäßig auf dem aufgeklappten Filetstück verteilen. Zusammenrollen und mit einem Bindfaden umwickeln. 10 Minuten im vorgeheizten Backofen backen, danach auskühlen lassen. Inzwischen den Brotteig zu einer Platte auswellen. Bindfaden vorsichtig vom Fleisch entfernen. Mit dem Teig das Kräuterfilet einpacken und die Ränder gut festdrücken. Auf ein mit Backpapier belegtes Blech legen und bei 170 °C ca. 45 Minuten backen. Aufschneiden und servieren.

Bäuerliche Überraschungsbrote

Die Metzgereien der Region achten seit jeher auf eine sorgfältige Auswahl ihrer Rohmaterialen für Fleisch und Wurst. Dabei genießen die Produkte aus der Region Priorität. Mit Liebe zum Detail, saisonfrischem Gemüse und Kräutern werden immer wieder neue Rezeptideen und Gaumenfreuden ausprobiert. Auch hohenlohische Landmetzgereien werden inzwischen in diversen Zeitschriften für Feinschmecker auf ihre Qualität hin geprüft und lobend erwähnt. Dieses Rezept der Metzgerei Hagel aus Gründelhardt mit ihrem Feinkostservice variiert ideenreich Brot und Fleisch.

Man nimmt von einem fertigen Schwarzbrotteig etwa 200 bis 300 Gramm, drückt ihn platt und umwickelt damit ein oder zwei geräuchte Bauernbratwürste oder Cabanossi. Den gefüllten Teig noch einmal kurz gehen lassen. Dann schiebt man die „Wurstbrote" bei 250 °C etwa 40 Minuten lang in den Backofen.

Bärlauchbrot im Topf

Eine duftende Köstlichkeit im April
mit selbstgemachtem Bärlauchmus

Zutaten:
450 g Weizenmehl Type 550
250 g Dinkelmehl Type 630
1 TL Salz
2 Päckchen Trockenhefe
50 g Butter
ca. 350 ml lauwarme Milch
eine Hand voll Bärlauchblätter

Zubereitung:
Einen Hefeteig herstellen. Die Bärlauchblätter durch den Fleischwolf drehen und 2 bis 3 EL in den Teig einarbeiten. Falls ein Rest übrig bleibt, kann man das Bärlauchmus in einem Gläschen mit Schraubverschluss im Kühlschrank aufbewahren und für Bärlauch-Spätzle oder Suppen verwenden.
Jetzt den Teig mit einer eingeölten Frischhaltefolie abdecken und an einem warmen Ort eine Stunde gehen lassen. Danach noch einmal durchkneten, in Portionen aufteilen und in drei oder vier kleine Blumentöpfe geben. Töpfe knapp über die Hälfte befüllen. Teig bis etwa 1 cm unter den Topfrand gehen lassen. Mit Ei bestreichen und 60 bis 90 Minuten bei 200 °C backen.

Tipp:
Beim Backen in einem Tontopf – Durchmesser 10 bis 14 cm – sollte dieser zunächst gründlich gereinigt werden. Dann trocknen lassen und innen wie außen mit Öl bepinseln. Die leeren Töpfe zwei- oder dreimal bei 200 °C eine Dreiviertelstunde, evtl. zusammen mit anderen Backwaren, in den Ofen stellen.

chkeit

Man findet Bärlauch im zeitigen Frühjahr an den Muschelkalkhängen des oberen Jagsttales um Kirchberg herum. Wer von Gröningen aus zur Hammerschmiede ins Gronachtal wandert und von dort aus über einen wild romantischen Weg hinunter zur Jagstmündung, der stößt immer wieder auf saftig grüne Bärlauchteppiche. Bärlauch ist dann am schmackhaftesten, wenn er jung geerntet wird und die Blätter noch zart und klein sind.

Vor Jahren ist dieser Vertreter unserer Wälder zu Unrecht in Vergessenheit geraten. Inzwischen ist er wieder in aller Munde. Seine Heilkraft ist dem Knoblauch überlegen, besonders sein Einfluss auf den Organismus und den Blutkreislauf. In der Volksmedizin gilt er als Mittel gegen Magen- und Darmstörungen ebenso wie gegen Arteriosklerose. Das in ihm enthaltene Eisen wird im Gegensatz zu manch medikamentösen Eisentherapien vom Magen gut vertragen.

Bärlauch riecht nach Knoblauch. Und genau dies unterscheidet ihn von zwei Verwandten, dem Maiglöckchen und der Herbstzeitlosen. Doch wenn das Maiglöckchen Ende April/Anfang Mai erst aus dem Boden lugt, steht der Bärlauch schon in voller Blüte und ist dann nicht mehr zu empfehlen. Dafür steht er schon ab und zu mal zwischen den Herbstzeitlosen, seiner giftigen Verwandtschaft. Deshalb: Augen auf und immer schön auf den unverwechselbaren Knoblauchduft achten.

Bärlauch – eine Besonderheit aus heimischen Wäldern mit dem unverwechselbaren Duft des Knoblauchs

Kräuterbaguette

Knuspriger Begleiter zu Vorspeisen oder Salaten

Zutaten:
500 g Weizenmehl Type 550
10 g Salz
25 g Hefe
40 g Olivenöl
30 bis 40 g frische Gartenkräuter
150 g Milch
120 g Wasser

Zubereitung:
Milch und Wasser auf 25 °C erhitzen. Dann mit den Zutaten ein paar Minuten kneten und 20 Minuten bei Raumtemperatur abgedeckt ruhen lassen. Den Teig in drei gleiche Stücke teilen. Noch einmal leicht durchkneten und drei Stangen formen. Auf ein mit Backpapier belegtes Blech setzen und weitere 25 Minuten gehen lassen. Mit einem Messer schräg einschneiden und in den vorgeheizten Ofen geben. Backzeit: 20 Minuten bei 200 bis 210 °C.

Jagsttaler Bierbrot

Gebacken mit dunklem Weizen- oder Malzbier, eine Anregung des Parkhotels Ilshofen

Zutaten:
500 g Roggenmehl Type 1150
300 g Weizenmehl Type 550
25 g Hefe
15 g Salz
100 g Sauerteigansatz
½ l dunkles Weizenbier oder Malzbier (25 °C)

Zubereitung:
Alle Zutaten gut durchkneten. Ca. 30 Minuten bei Raumtemperatur gehen lassen. Teig in zwei Portionen zu jeweils 750 g teilen. Runterkneten und in Brotkörbchen 30 bis 45 Minuten stehen lassen. Im vorgeheizten Backofen bei 220 °C backen. Nach 10 Minuten auf 190 °C reduzieren. Backzeit insgesamt: 50 bis 60 Minuten.
Dazu schmeckt auch ein würziger Bauernkäse aus der Hohenloher Region.

duftig &

Mancherorts findet man noch den typischen Hohenloher Bauerngarten hinter dem Haus. Aber auch in den kleineren Hausgärten kann man eine Vielzahl von Kräutern finden – immer mehr auch Kräuter aus mediterranen Ländern, die erst in den letzten Jahren bei uns wiederentdeckt wurden und sich hervorragend für ein würziges Kräuterbrot eignen.

Kräutertipps rund ums Brot

Rosmarin	beim Brotbacken einen ganzen Zweig mit in den Ofen legen.
Thymian	ist kräftig und soll in getrocknetem Zustand in den Teig gemischt werden. Empfehlenswert: Zitronen- oder Kümmelthymian.
Fenchel	als Samen oder feingehackt, ergibt einen anisähnlichen Geschmack im Brot.
Liebstöckel	auf frischen Blättern das noch warme Brot servieren. Schmeckt würzig und duftet herrlich.
Kümmel	altes mitteleuropäisches Gewürz, harmoniert gut mit Knoblauch- und Zwiebelbrot.

Brotvariationen am festlich gedeckten Tisch

Ein Menüvorschlag für 6 bis 8 Personen vom Landgasthof Rose in Vellberg-Eschenau

Brotsalat mit Lavendelblüten
Brotknöpfle in der Kraftbrühe
Rehkeulensteak im Brezelmantel
Beerenkompott mit Pumpernickelmousse

Ein Gruß des Hauses:
Hafertäschchen mit Kräutercreme

Brotsalat mit Lavendelblüten

Zutaten:
Fladenbrot (Pitta)
150 g grüner Paprika
90 g Frühlingszwiebel
150 g Salatgurke
150 g Tomatenkonkassee
1 Knoblauchzehe
30 g Petersilie
Zitronensaft
feines Meersalz
weißer Pfeffer aus der Mühle
Olivenöl
ein paar Lavendelblüten

Zubereitung:
Fladenbrot in Würfel schneiden und etwas anrösten. Mit etwas Zitronensaft marinieren. Paprika und Salatgurke in Würfel, Frühlingszwiebel in feine Scheiben schneiden. In eine Schüssel geben, Tomatenkonkassee, Knoblauch, gehackte Petersilie dazu geben und mit etwas Zitronensaft marinieren. Fladenbrot hinzufügen, mit Salz und Pfeffer würzen. Zum Schluss das Olivenöl hinzufügen und alles vorsichtig vermengen. Auf einem Teller anrichten und mit wenig Lavendelblüten bestreuen und servieren.

Brotknöpfle in der Kraftbrühe

Zutaten:
200 g Vollkorndinkelmehl
4 Eier
100 ml Mineralwasser
180 g Weißbrot
35 g Petersilie
feines Meersalz

Zubereitung:
Aus dem Mehl mit den Eiern, dem Mineralwasser und Salz einen dünnen Spätzlesteig herstellen. Weißbrot in Würfel schneiden und unter den Teig heben. 20 Minuten stehen lassen. Die gehackte Petersilie hinzufügen. Fleischbrühe oder Gemüsebrühe zum Kochen bringen, würzen und mit 2 Löffel Nocken abstechen und in der Brühe 15 Minuten am Siedepunkt garziehen. Mit etwas Brühe im tiefen Teller anrichten und mit Schnittlauch bestreuen.

Rehkeulensteak im Brezelmantel

Zutaten:
8 Laugenbrezeln
0,6 l Milch
4 Eier
800 bis 1000 g Rehkeulensteak
100 g Schweinenetz, beim Metzger vorbestellen
0,05 l Glace (Fleischextrakt)
0,16 l Gemüsebrühe
80 g Waldhonig
130 g Butter
feines Meersalz
Muskat
weißer Pfeffer aus der Mühle

Zubereitung:
Brezeln in dünne Scheiben schneiden, salzen, Muskat und Pfeffer hinzufügen. Milch aufkochen und über die Brezeln gießen. Abgedeckt 20 Minuten durchziehen lassen. Die Eier unterarbeiten. Gleichgroße Keulensteaks abschneiden, salzen, pfeffern und von beiden Seiten scharf anbraten. Auf einem Gitter abtropfen lassen. Das Schweinenetz ausbreiten, etwas Knödelmasse auflegen, ein Steak auflegen und wieder mit Knödelmasse auf das Steak legen. Mit dem Netz einpacken. So auch mit den anderen Steaks verfahren. In Butterschmalz von beiden Seiten 8 bis 10 Minuten braten.
Soße: Glace, Brühe und Waldhonig 4 bis 5 Minuten leicht köcheln. Danach die handwarme Butter mit dem Zauberstab einrühren, bis eine sämige Soße entstanden ist.

Beerenkompott mit Pumpernickelmousse

Zutaten:
200 g Erdbeeren
150 g Himbeeren
80 g Heidelbeeren
100 g rote Johannisbeeren
100 g schwarze Johannisbeeren
80 g Stachelbeeren
einige Tropfen Ahornsirup
125 g Pumpernickel
0,06 l Orangensaft
90 g dunkle Kuvertüre
60 g Honig
3 Eier
250 ml Sahne
2 Blatt Gelatine
Minzblättchen zum Garnieren

Zubereitung:
Pumpernickel in Orangensaft ca. 2 Stunden einweichen. Danach fein pürieren. Eigelb mit Honig im warmen Wasserbad cremig rühren und so lange die Masse noch warm ist, die eingeweichte Gelatine einrühren. Danach kalt rühren. Die flüssige Kuvertüre und das Pumpernickelmus unterrühren. Dann die geschlagene Sahne unterheben. Zum Schluss das geschlagene Eiweiß (mit einer Prise Salz schlagen) unterziehen und ca. 8 Stunden im Kühlschrank kaltstellen. Die Früchte putzen und vorsichtig waschen, mit den halbierten Erdbeeren mischen. Jetzt mit dem Ahornsirup ca. 5 Minuten marinieren. Auf einem Teller anrichten und in der Mitte das Mousse als Nocke anlegen und mit einem Minzblättchen garnieren.

Siederkuchen
vom Rennersbäck

Brotvielfalt
auf dem Haller Samstagsmarkt

Das Fest der Salzsieder

Seit dem 14. Jahrhundert ist in Schwäbisch Hall das Salzsiederfest überliefert. Das Fest beginnt jeweils am Samstag vor Pfingsten mit einem Umzug. Dabei kann man die alten Siederstänze „Trambeleswalzer“ und „Zwiebelesfisch“ bestaunen. Die Sieder zeigen, wie früher in Hall Salz gesotten und verarbeitet wurde. Höhepunkt des Festes aber ist die Präsentation des Siederkuchens vor dem Haalamt, dem früheren Verwaltungs- und Gerichtsgebäude der Siederschaft. Dort wird in feierlicher Zeremonie der „Verzehrkuchen“ an das versammelte Gericht mit dem Haalhauptmann an der Spitze übergeben. Aus drei Stockwerken besteht der Kuchen und wiegt etwa 100 Pfund. Der Sage nach retteten die Salzsieder bei einem Brand der Haller Dorfmühle der Müllersfamilie das Leben. Zum Dank stiftete der Müller den Rettern einen Kuchen, eben den seither so genannten Siederkuchen. Die Sieder konnten mit Feuer und Wasser gleichermaßen gut umgehen, besaßen Flößerhaken, Axt und Eimer, so dass man in ihnen eine Art Feuerwehrtruppe sehen konnte.
In späterer Zeit wurde die Mühle Stadteigentum und auch von der Stadt bewirtschaftet. Alte Mühlenordnungen belegen ein öffentliches Backhaus, in dem der Siederskuchen gebacken worden sein könnte. Ein weiterer Ursprung des Festes dürfte die Reinigung der Salzquelle gewesen sein. Als Belohnung für diese schwere Arbeit stiftete der Magistrat dieses Fest. Doch musste es jedes Jahr neu genehmigt werden. Auch schon früher galt wohl die Devise: „Je größer, desto besser.“ Und so musste der Rat den Bäckern eines schönen Tages empfehlen, statt eines Riesenkuchens vernünftigerweise zwei oder drei kleinere zu backen, „damit man sich beim Tragen nicht verletze.“
Das genaue Rezept des Siederkuchens ist ein Geheimnis und beim „Rennersbäck“ in der Gelbinger

Gasse gut aufgehoben. Als Innungsobermeister genoss Rudolf Renner großes Vertrauen in seiner Zunft. Vor vielen Jahren konnte er das kleine Geheimnis vom „Lobersbäck" aus der Neuen Straße erwerben. Nur er und seit der Betriebsübernahme sein Sohn Stefan kennen die Zutatenliste und die Rezeptur.
Beim Rennersbäck wird auch heute Wert auf das Handwerkliche und auf Traditionsbackware gelegt. An Ostern werden Osterbrezeln gebacken und an Martini „Martinsschiffle". Heute arbeiten nicht mehr so viele Gesellen wie noch vor einigen Jahren allmorgendlich in der Backstube. Um halb sieben gibt es Brötchen und Brezeln. Aber ein volles Sortiment an Brotlaiben sucht man zu dieser Zeit vergeblich im Regal. „Den industriellen Bäckereien hinterher rennen können und wollen wir nicht", meint der Firmenchef. „Da beliefern wir lieber die eine oder andere Firma oder manches Hotel in der Region."
Und noch etwas ist bemerkenswert: In der Gelbinger Gasse wird immer noch am Schankrecht festgehalten und eine der letzten Bäckerei-Weinstuben der ehemaligen Reichsstadt betrieben. Es sind vornehmlich ältere Haller, die, wenn sie sich am Nachmittag etwas unterhalten wollen, den linken Eingang des Gebäudes wählen.
Eine weitere Spezialität aus der Salzsiederstadt ist das Solebrot. Der Haller Bäcker Scholl bietet es in seinen Filialen an. Das genaue Rezept verrät der Bäckermeister natürlich nicht. Nur, dass es vor allem Dinkelvollkornmehl, Natursauerteig und Kartoffeln enthalte. Durch die in der Sole enthaltenen Mineralien und Spurenelemente ist das Solebrot der Gesundheit und Vitalität zuträglich.

Haalgericht
am Kocher

Solebrot
aus Schwäbisch Hall

Dekorativer Blickfang
auf jedem Buffet

Das kleinste Brot der Hohenloher

Das etwas andere Walnussbrot –
mit gehackten Nüssen, Sesam, Mohn,
Pinien- oder Sonnenblumenkernen bestreut

Zutaten:
125 g Weizenmehl
1/2 TL Salz
1 Prise Zucker
5 g Hefe
0,1 l Wasser
Butter zum Einfetten
20 unversehrte Schalenhälften von Walnüssen
Salz zum Backen auf dem Blech
sehr fein gehackte Walnüsse zum Bestreuen

Zubereitung:
Mehl mit Salz mischen. Hefe mit Zucker und der Hälfte der Flüssigkeit verrühren, sie zum Mehl geben und alles zu einem elastischen Teig verkneten. Etwas ruhen lassen, nochmals kneten und wieder ein paar Minuten ruhen lassen. Erneut durchkneten.
Die Schalenhälften der Nüsse säubern und einfetten. Den Teig in etwa 20 Kügelchen teilen, in die Schalen legen und bei Zimmertemperatur etwa 20 Minuten gehen lassen, bis sich der Teig nach oben gewölbt hat. Ein Blech dick mit Salz bestreuen – damit die Schalen nicht kippen. Die Teigoberfläche jetzt mit Wasser bestreichen und mit den fein gehackten Walnüssen bestreuen. Die Schalen auf dem Blech in den vorgeheizten Backofen schieben. Bei 220 °C etwa 15 Minuten backen.

Am besten zu formen sind Hefeteige. Sie lassen sich gut rollen, flechten und schneiden. Die Teigoberfläche lässt sich durch kleine Einschnitte mit dem Messer interessant gestalten. Hefeteigbrote kann man nicht nur auf dem Blech, sondern in allen möglichen Formen backen. Zum Beispiel in unglasierten Blumentöpfchen, ausgehöhltem Gemüse oder eben auch in Walnussschalen. Alle Backformen sollten gut eingefettet sein. Während Brote auf dem Blech rundum eine Kruste bilden, bleiben beim Backen in Formen die Seiten des Brotes hell. Es empfiehlt sich, solche Brote umgedreht auf einem Gitter ausdampfen zu lassen. Vor dem Anschneiden müssen sie völlig auskühlen.

Brotkonfekt

zum Aperitif

Aus Weiß- oder Roggenmehl, deftig oder pikant. Die Herstellung dieses daumengroßen Minigebäcks fordert die Kreativität des Bäckers heraus. Nicht ganz billig, aber Nachfragen beim örtlichen Bäcker oder eigenes Experimentieren lohnt.

Brotstäbchen

Zutaten:
1 Päckchen Trockenhefe
1 Tasse warmes Wasser
150 g zerlassene Butter
1 EL Honig
2 TL Salz
1 Tasse heißes Wasser
2 geschlagene Eier
6 Tassen Weizenmehl
1 Ei zum Bestreichen

Zubereitung:
Die Trockenhefe im warmem Wasser auflösen. Die zerlassene Butter mit dem Honig, Salz und den geschlagenen Eiern verrühren. Das Hefe-Wassergemisch einrühren. Nach und nach Weizenmehl und heißes Wasser gut unterrühren – nicht kneten! Teig in einer gefetteten Folie ca. 1 Stunde in den Kühlschrank legen. Danach Teig kneten und tennisballgroße Stücke formen. Die einzelnen Kugeln einmal teilen und in fingerdicke Stangen formen. Auf einem gefetteten Backblech zu doppelter Größe aufgehen lassen. Je nach Wunsch mit Ei bestreichen und mit Sesam, Mohn, Röstzwiebeln oder geriebenem Käse bestreuen. Etwa 30 Minuten bei 180 °C knusprig backen lassen.

Rustikal mit Sesam und Mohn, deftig mit Rauchfleisch und Röstzwiebeln

Die umtriebige Bäckerswitwe

Jedes Jahr im Februar begehen die Crailsheimer ihren Stadtfeiertag. Man erinnert sich dabei an die lang anhaltende Belagerung der Stadt durch eine Koalition der benachbarten Städte Schwäbisch Hall, Rothenburg und Dinkelsbühl im Jahr 1380. Damals soll die Frau des Bürgermeisters den Feind abgeschreckt und in die Flucht geschlagen haben, indem sie ihr entblößtes Hinterteil den Feinden über die Stadtmauer zur Schau bot. Der harte Winter, so folgerten die entnervten Belagerer, hat der Stadtbevölkerung kaum zugesetzt, wenn sie immer noch so gut genährt ist, wie das Hinterteil der Bürgermeistersgattin glauben machte. Auf Grund dieses Ereignisses, so heißt es, werden in Crailsheim Gebildbrote – die sogenannten Horaffen – gebacken, die an einen gewissen unaussprechlichen Teil des menschlichen Körpers erinnern sollen. Ob das Crailsheimer „Nationalgebäck" tatsächlich damit zusammenhängt, wird mit Augenzwinkern von Heimatforschern bezweifelt.

Im Stadtarchiv Schwäbisch Hall freilich war man hoch erfreut, als sich vor einigen Jahren ein Beleg dafür fand, dass auch in der Stadt am Kocher Horaffen gebacken wurden. Als am Ende des Dreißigjährigen Krieges die Wirtschaft darniederlag, kam eine Haller Bäckerswitwe auf die Idee, ihren Kunden dieses Gebäck anzubieten. Doch dazu war die Genehmigung des Rates nötig, die sich die Bäckersfrau bald einholte: „Maria, Marx Striegels sel. Witwe, bittet untertänigst, weil das Handwerk gar schlecht und die Contribution hoch, ihr das Horaffenbachen, so eine zeitlang verbotten, ihr allein großgünstig zu verwilligen."

Die Sache wurde im Sommer 1646 im Rathaus verhandelt. Ihr, und allen, die sich darauf verstanden, wurde die Erlaubnis erteilt. Doch die Haller Bäckerzunft war solchen Innovationen gänzlich abgeneigt. Man reagierte rasch und suchte nach einem Haar in der Suppe. Man beschwerte sich beim Rat, dass besagte Bäckerwitwe zwei Backöfen im Hause betreibe, was nicht den Vorschriften entspreche. So wollte man der Konkurrenz das Leben erschweren. Doch die Ratsherren entschieden weise. Sie verfügten, es bleibe bei der Erlaubnis, denn ein jeder könne backen, was er könne und wolle. Wenn der zweite Backofen tatsächlich ohne Konzession gebaut worden sei, müsse der halt zugemauert werden. So geschah es denn auch und die Haller konnten von nun an das bis dahin verbotene Horaffengebäck kaufen. Ob sie dabei an die vergebliche Belagerung Crailsheims dachten oder gar an ein gewisses Hinterteil, bleibt dahingestellt.

Von der Stadtmauer aus den Feind in die Flucht geschlagen

Auf den Kopf gestellt:
Crailsheimer Stadtgebäck und
die Belagerungssituation nach
dem couragierten Auftreten
der Bürgermeistersfrau

Horaff

Vom Brot, das elektrisch schmeckt

Mit frisch gebackenem Holzofenbrot, Blooz, Ochsenbraten und Most feiern die Hohenloher jährlich ihre kleinen und großen Museumsfeste im Freilichtmuseum Wackershofen, ein paar Kilometer hinter der ehemaligen Reichsstadt Schwäbisch Hall. Die Besucher schlendern durch einen nachempfundenen Bauernmarkt und können dort an liebevoll ausgestatteten Marktständen Traditionelles bestaunen und teilweise erwerben. Besonders umlagert sind die Holzbacköfen und alten Backhäusle, die voll funktionsfähig sind und in denen herrlich duftendes Brot gebacken wird. Der richtige Holzofen ist ein sogenannter „Einloch-Backofen". Das heißt, das Brot wird in derselben Röhre gebacken, in der zuvor eingeheizt wurde. Nachdem eine bestimmte Temperatur erreicht ist, werden die Reste der glühenden Holzkohle an die Seite geschoben und der Brotteig eingeschossen. Mit einem nassen Wedel wird zuvor gesäubert und der zischende Wasserdampf sorgt gleichzeitig für die richtige Feuchtigkeit während des Backvorgangs. Nun wird gefachsimpelt, und manche Besucher bekommen glänzende Augen. Hin und wieder hört man auch, wie skeptisch man zu Beginn der 50er Jahre war, als die alten Backöfen gegen die neuen elektrischen ausgetauscht wurden. Das Brot schmeckt einfach „elektrisch", hat es da geheißen, auch wenn die Frauen es von Anfang an schätzten, dass das Backen im elektrischen Backofen eine saubere Sache war. Heute lächelt man darüber, gibt aber ohne weiteres zu, dass ein „Holzofenbrot" geschmacklich einfach eine Offenbarung sein kann. Den Trend erkannt haben auch die Kachelofenbauer. Die bieten neuerdings ihre Öfen mit integriertem Holzbackofen an. Mit einer solchen Heiz-Backkombination als Mittelpunkt des Hauses lässt sich rund

Historische Stadtansichten Crailsheims aus den Jahren 1920 bis 1940

um die Uhr backen, garen und dörren. Handwerklich begabte Bastler können sich ihren Holzbackofen auch selbst bauen. Es gibt verschiedene Modelle und detaillierte Bausätze.

Manche behaupten übrigens listig, auch in einem ganz normalen Küchenherd ließe sich Brot nach Holzofenart herstellen. Man müsse während des Backvorgangs lediglich ein paar Sägespäne aus Buchenholz wohlduftend verglühen lassen. Bis zu einen gewissen Grad könne man so den Holzofengeschmack imitieren. Da hilft wohl nur eines: ausprobieren!

Die Crailsheimer Bruderschaft

Vorläufer heutiger Bäckerinnungen war im Mittelalter das Zunftwesen. Eine alte Ordnung für die Bäcker der damaligen Zeit ist aus Crailsheim überliefert. In der Urkunde von 1553 heißt es: „Zu wissen und kundgetan sei jederman, dass sich der ehrenfeste Herr Ulrich Knönngen zu Kressberg, Ritter, derzeit Amtman allhier zu Crailsheim samt dem Kastner, Vogt, Bürgermeister und Rat daselbst eine Ordnung des Bäckerhandwerks vorgenommen haben und weiterhin zu Handhabung und zum allgemeinen Nutzen gehalten werden soll."
Die Vorstände zu jener Zeit hießen „Kerzenmeister" und wurden jeweils am Ulrichstag (4. Juli) von den Meistern gewählt. Sie hatten die Vorkommnisse jener Zeit zu notieren, Einsicht in die Finanzen zu geben und kleinere Verfehlungen innerhalb der Bruderschaft zu regeln. Die Crailsheimer Ordnung verband Bäcker und Müller miteinander und regelte vom Brotgewicht bis zum Lohn für den Lehrling die Zusammenarbeit. Keiner der beiden Handwerksstände durfte sich gegenseitig die Knechte abwerben. Zuwiderhandlungen wurden mit einem halben Gulden und einem Pfund Wachs bestraft. Neue Lehrlinge durften erst eingestellt werden, wenn zuvor zwei weitere Meister ihr Einverständnis gaben und somit das Lehrverhältnis besiegelten.
Eine Zeitlang war es Brauch, montags und samstags einfach nicht zu backen. Dies führte zu Protesten, weil man nicht ständig altbackenes Brot auf den Tisch stellen wollte. Darum wurden alle Bäcker angehalten, täglich Brot und Wecken zu backen. Der Kerzenmeister hatte darauf zu achten, dass die Stadt stets mit Brot und Wecken versorgt war. Entdeckte man in einem Bäckerladen altes Brot, so wurde der Übeltäter bestraft.

Des öfteren gab es Ärger wegen des Brotpreises und des Gewichts. Bei Teuerungen wurden deshalb Preis und Gewicht von Amts wegen festgesetzt. Jeweils am Weißen Sonntag wurden neue Bestimmungen erlassen. Zwei Sachverständige aus der Bürgerschaft und der vereidigte Stadtknecht waren beim Abwiegen des Brotes dabei. Sie hatten auch darauf zu achten, dass bei den fremden Bäckern ebenso streng das Gewicht geprüft wurde wie bei den Einheimischen. Diese hatten genauso wie die Einheimischen, wenn sie ihre Ware auf dem Markt verkaufen wollten, den sogenannten „Pfennigwecken" zu backen und von Amts wegen begutachten zu lassen. Unter einem „Pfennigwecken" verstand man mindestens den vierten Teil eines Weckens. Hin und wieder vernachlässigte das Bäckerhandwerk das Backen von Brezeln. Die Crailsheimer aber wollten jeden Tag ihre frische Brezel, worauf der Rat der Stadt den städtischen Bäckern extra Licht (Kerzen) und Holz zur Verfügung stellen musste.

Bäckerei-Kompanie 5

Auch mancher Bäckermeister aus dem Hohenlohischen wurde in der Zeit des Zweiten Weltkrieges zum Militär einberufen. So auch die beiden Waldenburger Hermann Strecker und Oskar Straßner. In einer der so genannten „Bäckerei-Kompanien" taten sie ihren Dienst. Mit Feldbacköfen der Wehrmacht versorgten sie die Mannschaft mit frischem Brot.
Auf Militäranhängern hatte man im Krieg nämlich robuste Backöfen befestigt, in denen man in zwei Lagen große Mengen von Teig backen konnte. Das Ofenrohr konnte man umklappen. Bei einem Halt montierte man darauf das Regendächle und schraubte die übrigen Utensilien an dafür vorgesehenen Halterungen fest. In den Wochen und Monaten nach Kriegsende standen die Feldbacköfen eine Zeit lang herrenlos herum.

Einer der beiden Bäcker erinnerte sich, dass sein Backgerät in den Kriegswirren in einem Wäldchen im Niederbayrischen verschwunden war. Oskar Straßner, der inzwischen aus kurzer Kriegsgefangenschaft ins zerstörte Städtchen zurückgekehrt war, organisierte von einem Landwirt aus Bäldershub einen alten Lastkraftwagen mit Holzvergaser und machte sich auf die Suche. Er hatte Glück! Nachdem man sich die Genehmigung der Amerikaner eingeholt hatte, begannen die Männer unter abenteuerlichen Bedingungen zwei Feldbacköfen in Richtung Hohenlohe zu bewegen.
Unterwegs im Mainhardter Wald gab der schon arg mitgenommene Holzvergaser seinen Geist auf und so musste der Bauer Leidig mit seinem Traktor den Backofen auf Rädern die restlichen Kilometer in das niedergebrannte Heimatstädtchen am Rande der Hohenloher Ebene schleppen.

gt!

Im Frühjahr 1945 hatte man im etwa tausend Einwohner zählenden Waldenburg SS-Soldaten einquartieren müssen, was nach der Meinung der Einheimischen der Grund dafür war, dass das Städtchen von amerikanischer Artillerie in Brand geschossen worden war. Nur die Kirche und die Häuser in unmittelbarer Umgebung waren verschont geblieben. Auch das Schloss hatte gebrannt. Doch der Schlossherr wollte nach den notdürftigsten Reparaturarbeiten seinen Reitstall zur Unterbringung der Feldbacköfen zur Verfügung stellen. Ein Vordach aus Dachpappe wurde auf den alten Pferdestall genagelt und auch eine provisorische Unterkunft für Oskar Straßner und seine Frau wurde dort in einem Bretterverschlag gezimmert.

In der ehemaligen Kutscherstube wurde das Brot verkauft. Und da die Waldenburger ein gutes Verhältnis zum Fürsten hatten, bekamen sie auch die Erlaubnis, Holz aus den umliegenden fürstlichen Wäldern zum Anheizen der beiden Backöfen zu sammeln. Mit dem Ochsengespann wurde Mehl aus der Umgebung organisiert oder Getreide in die nahgelegene Mühle transportiert. Dort konnte man das Getreide mahlen lassen oder gegen Mehl tauschen.

Im Sommer ging es zum Ährenlesen auf die benachbarten Felder oder hinunter ins Tal. Schnell waren provisorische Regale gebaut, in denen man die Brotlaibe stapelte. Zwei oder höchstens drei Brotsorten wurden gebacken, Wecken und Brezeln an besonderen Tagen. „Werktags“, so pflegte Oskar Straßner zu sagen, „da braucht ihr keinen Kuchen! Esst gefälligst Schwarzbrot.“ Altbackenes Brot gab es nicht, denn schon am frühen Nachmittag war das Brot ausverkauft. In einem Korb mit Schulterriemen wurden Brezeln und Brot in die umliegenden Weiler getragen. Kostete die Brezel vor dem Krieg noch drei Pfennig, so war der Preis nun doppelt so hoch, erinnern sich die älteren Waldenburger. Der in der Ebene liegende Teil des Städtchens war besser dran. Die meisten Häuser im Tal sind unversehrt geblieben, außerdem konnte man mit dem Zug für ein paar Pfennige ins nah gelegene Öhringen und nach Kupferzell fahren. Erst nachdem die Häuser und auch die Bäckereien der Stadt wieder aufgebaut waren – Straßner selbst stellte seine Bäckerei Ende 1949 fertig – wurden die alten Feldbacköfen endgültig verschrottet.

Fahrbare Feldbacköfen im Zweiten Weltkrieg

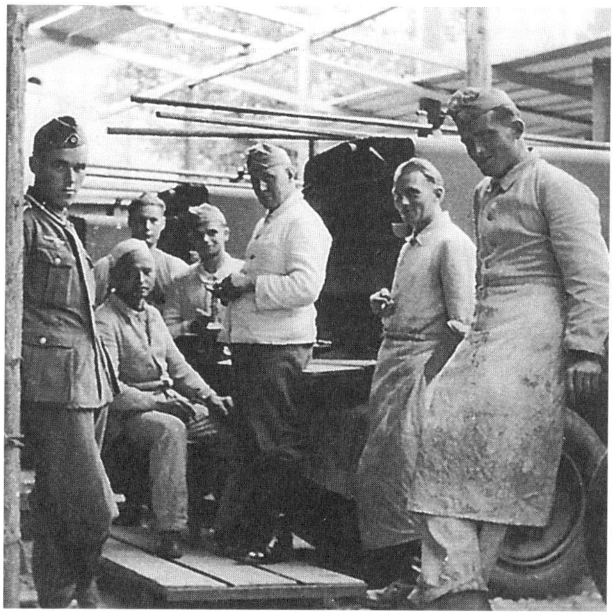

Der Mundschenk aus dem Bühlertal

Auf Reichstagen, vor allem aber bei Krönungszeremonien erlebten die Limpurger Schenken im Mittelalter das Flair der großen weiten Welt. Sie übten dabei das Schenkenamt aus oder assistierten zumindest dem böhmischen Erzschenken. Jeweils der Älteste des Geschlechts hatte das sehr ehrenvolle Amt inne, und so kam es, dass dieses zwischen Gaildorf, Obersontheim, Schmiedfeld und Speckfeld hin- und herwanderte. Außer der Verabreichung des ersten Trunks hatte sich der Schenk anlässlich eines Krönungsmahles folgenden Aufgaben zu widmen:

- die gesündesten Weine und Wasser herbeischaffen und prüfen
- die Trinkgefäße sauber halten
- Wein und Wasser geschmacklich prüfen und dem Herrn darbieten
- auf das Getränk seines Herrn achten
- die Getränke vor der Gefahr einer Vergiftung bewahren
- für gutes Brot sorgen
- dem Oberhofmeister hierüber den Eid leisten
- sich am Hofe nicht um andere Dinge kümmern.

Vom Träumer zum Minister

Durch die Intrigen einer Frau kam er ins Gefängnis, der vitale, gut aussehende Jüngling, eben noch in den besten Kreisen des Landes zu Hause. Jetzt saß er mit dem Schenken und dem Oberhofbäcker in einer Gefängniszelle. Und jeder der beiden hatte einen Traum und war unglücklich darüber, dass er ihn nicht deuten konnte. Sie wandten sich an den Jüngling und baten, er solle ihnen doch helfen. Der prophezeite dem Mundschenk eine gedeihliche Zukunft, doch der oberste Bäcker des Landes musste sich seinen baldigen Tod deuten lassen.

Und tatsächlich, als der König seinen Geburtstag feierte, setzte er den Mundschenk wieder in sein Amt ein, den Bäcker aber ließ er aufhängen. Schließlich bekam der König Wind von den traumdeuterischen Fähigkeiten des fremden Burschen und er ließ ihn aus dem Gefängnis holen. Von nun an sollte er auch seine Träume deuten. Zum Beispiel den von den sieben mageren und den sieben fetten Kühen. Oder, dass da sieben dürre Ähren sieben dicke Ähren verschlingen. „Sieben reiche Jahre werden kommen in Ägyptenland", so deutete der ehemalige Gefangene. „Und gleich danach werden sieben furchtbare Jahre des Hungers und der Missernten kommen." Also kam es darauf an, Vorratshäuser anzulegen und mit den Erträgen der guten Jahre vernünftig zu wirtschaften. Gerade dreißig Jahre alt war Josef, als er vom Pharao zum Minister für Landwirtschaft und Ernährung ernannt wurde. Und er meisterte seine Aufgabe bravourös. Die heraufziehende Hungersnot wurde durch kluge Wirtschaftpolitik und seinen Sinn für Gerechtigkeit ohne Not überwunden. Sogar seine Verwandtschaft, die ihm einst übel mitgespielt hatte, kam eines Tages reumütig in das Land am Nil. Der Jüngling, inzwischen zum zweitmächtigsten Mann im Lande aufgestiegen, hegte weder Groll noch Rachegelüste. Er versöhnte sich mit seinen Brüdern, sorgte für deren Auskommen, indem er sie nach Ägypten kommen ließ und wurde vom sterbenden Vater gesegnet. Vor seinem Tod weissagte er, Gott werde Israel aus Ägypten führen, und ließ die Israeliten schwören, dass sie seine Gebeine beim Auszug mitnehmen würden.

Schenkenbrot

Zutaten:
450 g Roggenvollkornschrot, mittel
250 g Weizenvollkornschrot, fein
1 Würfel Hefe
300 g Roggenmehl Type 1150
1 Päckchen (100 g) Sauerteigansatz
100 g geschälte Hirse
50 g Sojaschrot
1 bis 2 EL Koriander
4 TL Salz
2 TL Honig
2 EL Speiseöl
Abgeriebene Schale einer halben Zitrone
Warmes Wasser

Zubereitung:
Roggenvollkornschrot und Weizenvollkornschrot mischen, in der Mitte eine Kuhle bilden. Hefe, Honig und etwas Salz zu einem Vorteig verarbeiten. Etwa 15 Minuten gehen lassen. Roggenmehl und Sauerteigansatz mischen. Nach und nach die übrigen Zutaten beigeben. Warmes Wasser zugeben, bis ein geschmeidiger Teig entsteht. Teig mit Speiseöl bestreichen, mit Klarsichtfolie abdecken und ca. 1 Stunde gehen lassen. Danach noch einmal durchkneten und weitere 30 Minuten ruhen lassen. Die Oberfläche des geformten Laibes mit einem Messer einschneiden und mit warmem Wasser bestreichen. Obendrauf Korianderkörner nach Belieben. Den Backofen auf 250 °C vorheizen und auf mittlerer Schiene etwa 70 Minuten backen.

Koriander hat ein kräftiges Aroma. Der süßwürzige Duft des Samens verändert sich in der Reifezeit, nach ein paar Monaten ist er am besten. Sein Ursprung ist wohl der Orient und Vorderasien. In der Bibel wird die Himmelsspeise „Manna" mit Koriandersamen verglichen und dieser kam wohl mit den Römern als Gesundheits- und Küchenkraut nach Nordeuropa. Es gehörte zu den Aufgaben des Mundschenks, an der Tafel des Kaisers für gutes Brot zu sorgen. Das verdauungsfördernde Gewürz, das bei seiner Verwendung einen Hauch von Exotik und Orient erahnen lässt, war bestens zu fetten Fleischgerichten oder zu dem am Hof beliebten Wildbret geeignet.

Wüstenbrote

Im zweiten Buch Mose des Alten Testaments wird berichtet, wie die Israeliten nach ihrem Auszug aus Ägypten die karge Wüstenzeit erlebten. Es regte sich nämlich ein laut vernehmliches Murren unter dem von knurrenden Mägen geplagten Volk. Und Gott, dem Herrn, blieb – wollte er die Seinen einigermaßen bei Laune halten – gar nichts anderes übrig, als den Picknickkorb zu schnüren. Im Gegensatz zu den Wachteln, die als Ersatz für die vermissten „Fleischtöpfe Ägyptens" herhalten mussten, verhielt es sich anders mit dem Manna. Hier handelt es sich nämlich um eine Speise, die nicht von dieser Welt ist. „Himmelstau", sagte man auch dazu. Manna ist ein sämiger, tröpfchenweise verabreichter Lebenssaft, dessen Ursprung im Göttlichen liegt. Es erinnert an verdickte Milch oder Honig und wird als weiß wie Koriandersamen beschrieben. Den Israeliten erschien es als Vorgeschmack des Himmels, vor allem aber des gelobten Landes, in dem Milch und Honig flossen. Manna ist dem Tau ebenso verwandt wie dem Schweiß, es ist Körpersaft und Erdensaft zugleich.

„Himmelreich", Gehöft am Rande des Bühlertals

Obwohl anfangs als Köstlichkeit geliebt, so erzählt die Bibel, kam die Zeit, in der das Volk Gottes dieses Gaumenschmeichlers überdrüssig wurde und es begann wieder zu murren. Und vielleicht war das Manna in Wirklichkeit also gar keine Delikatesse, sondern lediglich eine Art von delikatem Wahn.

Manna war für verschiedene Gärungsprozesse geeignet und ließ sich ebenso backen wie kochen. Es war ein klassisches Frischprodukt, dessen Haltbarkeit ziemlich genau nach 24 Stunden ablief. So trug Gott also Sorge, dass niemand aus Raffgier größere Bestände davon horten konnte.

Challah, oder Berches, wie die Brote in Deutschland und im Elsass genannt werden, erinnern an diese alte Geschichte und sollen das Manna symbolisieren. Der Name „Berches" kommt vom hebräischen „Berachah" und bedeutet Segen. Dieses Festtagsbrot wurde früher in den jüdischen Familien zum Sabbath und zu anderen Feiertagen gebacken. Es ist meist gezopft, kann aber auch zu Kränzen geformt oder in einer Form gebacken sein. Der Teig wird mit Eiern und Fett gebacken, sodass er eine weiche Konsistenz bekommt. Oft werden auch gekochte Kartoffeln in den Teig eingearbeitet. Milch oder Milchprodukte wie Butter werden traditionell nicht verwendet, weil das Brot sonst nach jüdischem Ritual nicht zusammen mit Fleisch auf demselben Tisch

Koscher

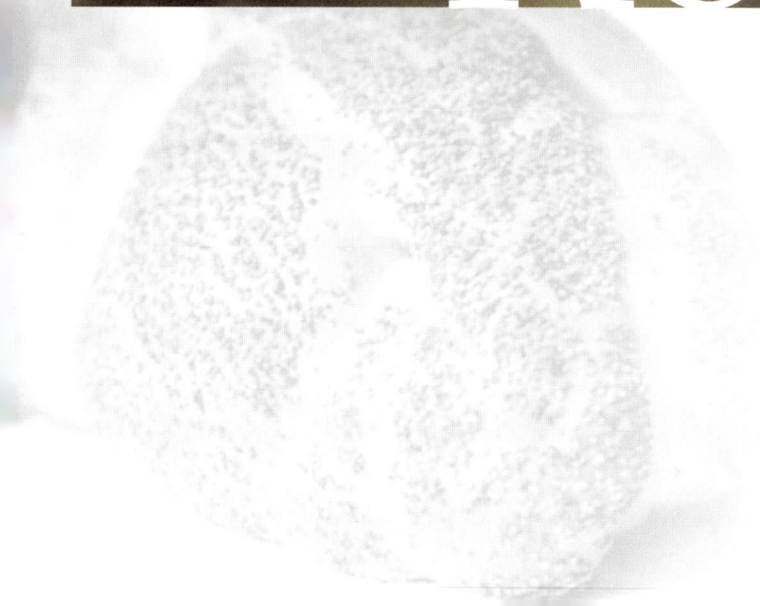

serviert werden darf. Die bekanntesten Challahs sind großzügig mit Mohn bestreut, ein typisches Merkmal für dieses Brot. Das geflochtene Brot kann aus drei, sechs, oder gar zwölf Strängen geflochten sein. Am Vorabend des Jom Kippur werden die Challahs in Form von Flügeln, Leitern oder erhobenen Armen gebacken, als Symbol für die zum Himmel aufsteigenden Gebete. Wer dieses besondere Hefeteiggebäck versuchen will, bekommt es in der Crailsheimer Bäckerei Baier oder in den Filialen der Bäckerei Weiß aus Kupferzell.

Jedes Jahr, im Monat Nissan ...

Nach den Emanzipationsbewegungen des 19. Jahrhunderts wurden die Juden nach und nach stärker in die Gesellschaft integriert. Reguläre Volksschulen wurden errichtet, Juden wurden Mitglieder in den Vereinen, beim Roten Kreuz oder in den nach dem Ersten Weltkrieg entstandenen Soldatenvereinigungen. Crailsheimer Bäcker bezogen ihr Getreide vom Kaufmann Rosenfeld, der eine Getreidehandlung gegründet hatte. Immer mehr Juden wanderten vom Land in die städtischen Gemeinden ab. Die staatliche Gesetzgebung verlangte schließlich die Bildung von Rabbinatsbezirken. Der zuständige Rabbiner bekam als ersten Dienstsitz Braunsbach zugewiesen. Später wurde der Sitz des inzwischen vergrößerten Rabbinats nach Schwäbisch Hall verlegt.

Im jüdischen Kalendermonat Nissan, der ungefähr dem April entspricht, wird das Passahfest gefeiert. Durch einen großen Hausputz wird es eingeleitet, wobei zu beachten ist, dass sich über das Fest nichts Gesäuertes im Haushalt befindet. In Berlichingen, so wird erzählt, war es Brauch, dass die Juden ihre restlichen Lebensmittel an die Christen verkauften, um sie nach dem Fest wieder zurückkaufen zu können. Dies wurde vertraglich geregelt und die Käufer der Lebensmittel fuhren dabei nicht schlecht. In der Nacht vor Passah wurde dann das übliche Geschirr weggeräumt und man holte das Festgeschirr aus dem Schrank. Brotreste, die man bei der Putzaktion fand, verbrannte man im sogenannten „Chometzfeuer“. Aus Edelfingen bei Bad Mergentheim wird berichtet, dass man dort die Reste an Gesäuertem auf ein Wägelchen lud, um sie an der Tauber zu verbrennen. Dieses Feuer war eine religiöse und soziale Angelegenheit. Ein Treffen im Freien zur Eröffnung

Die koschere Alternative
zum Knäckebrot

Matzen

Mazzot, Brot der Eile und der Not, Vorgeschmack der Freiheit und Zeichen des Neuanfangs

des Festes und die Feier der neu gewonnen Freiheit, zu der jedes Passahfest in Erinnerung an die Befreiung des Gottesvolkes aus der ägyptischen Gefangenschaft einlädt. Das mit dem Passah-Fest verbundene einwöchige „Fest der ungesäuerten Brote“ erinnert an den Auszug der Israeliten aus Ägypten. Nach der Überlieferung war ihnen beim Aufbruch keine Zeit geblieben, den Brotteig aufgehen zu lassen. An den jüdischen Festen nahmen Christen in der Regel nicht teil. Doch Matzen, das ungesäuerte Brot des Festes, wurde an die Christen verschenkt und von denen heiß begehrt. Die Herstellung dieses Brotes war kein Geheimnis. Der Teig wurde mit Wasser zusammengeknetet und durch eine Walze getrieben, bis er hauchdünn war. Aus den meterlangen Streifen stach man mit einer Form die einzelnen Matzen aus und legte sie in den Holzofen. Wer beschenkt wurde, war festgelegt: Nachbarn, Geschäftsfreunde, Bekannte und Kinder, die kleine Dienstleistungen verrichteten. Die Matzen wurden in den Dörfern mit Honig und Zucker darauf zum Kaffee genossen.

Schwäbisch Hall war früher Sitz des Rabbinats.

Berches oder Challah, gezopftes Brot,
mit reichlich Mohnsamen bestreut,
ursprünglich Festtagsbrot der
jüdischen Gemeinden

Auf Silberplatten wurden am Sabbat Brote in Zopfform präsentiert. Vor dem Essen mit einem besonderen Tuch abgedeckt, erinnern Zopfbrote an die älteste Form von Opferbroten, die in vielen Religionen auf den Göttertisch gelegt oder verbrannt wurden.

Das Wort „Passah“ heißt im Hebräischen „vorübergehen“, „überschreiten“. Denn Gott ist bei der zehnten Plage an den Häusern der Israeliten vorübergegangen und hat ihre Erstgeborenen verschont. Matzen symbolisieren ebenfalls den Übergang – sie stehen für das Elend der Sklaverei, aber auch für die Freiheit, denn das Erste, was die Juden als freie Menschen aßen, war ungesäuertes Brot. Die etwas fremd klingende Bezeichnung „Passah“ erinnert nicht nur an die „Passion“, die Leidenszeit Christi, sondern hat manche Anklänge in unserer Umgangssprache. Im Fußball gilt ein „Pass“ als ein Zuspiel einer Vorlage. Passt dabei der Torhüter nicht auf, muss er den Ball „passieren“ lassen. Gut, wenn das Spiel dann vorbei ist, also „passé“. Als eine „Passage“ bezeichnet man eine Durchfahrt und der „Passat“ ist ein für die frühere Schifffahrt günstiger, gleichmäßig wehender Wind, auch Osterwind genannt.

Mit dem Leiterwägele zu den „Steckelesjuden“

Von Herbert Schüßler

Wie sich die Menschen vor zwei oder drei Generationen das Brot teilten, das lässt man sich am besten von den Älteren erzählen. Viele alte Menschen besitzen noch die Gabe des Erzählens und in ihren Geschichten, die sich oft um Kindheit und Jugend drehen, steckt gleichermaßen Lebenserfahrung und Güte. Einer dieser wunderbar erzählenden Menschen ist die 91-jährige Marie. Geboren und aufgewachsen ist sie auf dem elterlichen Hof in Kühnhardt, heute ein Teilort von Rot am See, später heiratete sie ins Badische. Eine ihrer Lieblingsgeschichten ist die vom „Brotausführen“:
„Es war wohl in den 20er Jahren, das Leben auf den Dörfern gestaltete sich arbeitsreich und einfach, doch vom Ertrag von Feld und Stall konnte man leben und auch zufrieden sein. Feste waren selten und eines der wichtigsten im bäuerlichen Jahr war die Kirchweih. Der Samstag vor der „Kerwe“, das war für Marie und ihren jüngeren Bruder einer der schönsten Tage im Jahr. Ihre Mutter hatte auf diesen Tag nämlich zwanzig weiße Leinensäckchen genäht. Diese wurden nun gleichmäßig mit Schwarz- und

Weißbrot, mit Gugelhupf, Kranz und Streuselkuchen gefüllt und zugebunden. Dann durften die Kinder das große Leiterwägelchen beladen und ab ging die Post hinüber ins vier Kilometer entfernte Michelbach an der Lücke. Wenn sie dann schiebend und ziehend den Ort erreicht hatten, begann der wichtigste Teil ihrer Mission ... Marie wusste nämlich ganz genau, in welchen Häusern sie ihre Säckchen abzugeben hatte. Meistens waren es kleine Handwerker, Tagelöhner, aber auch arme Juden, sogenannte „Steckelesjuden“, also solche, die sich kein Pferd und keine Kutsche leisten konnten, sondern lediglich mit dem Stock in der Hand als Kleinsthändler unterwegs waren.

Kärwe

Menschlichkeit und Hilfsbereitschaft finden einen Weg – auch in dunkler Zeit und über manche Grenzen hinweg

Die Freude war groß in den Häusern beim Erscheinen der Kinder, denn sie wurden schon erwartet. Mit strahlenden Augen erzählt Marie heute noch, wie ihre Ankunft vom Schuster erhofft wurde. Der hatte sechs Kinder, aber selten Geld. Denn nur einmal im Jahr schrieb er für seine Kunden eine Rechnung und bei manchen musste er auch dann noch lange auf sein Geld warten. „Euch hat der Herrgott geschickt, wir haben kein Geld für Brot, heute morgen haben wir zum Kaffee wieder Kartoffeln gegessen", konnte er angesichts der Kinder ausrufen.

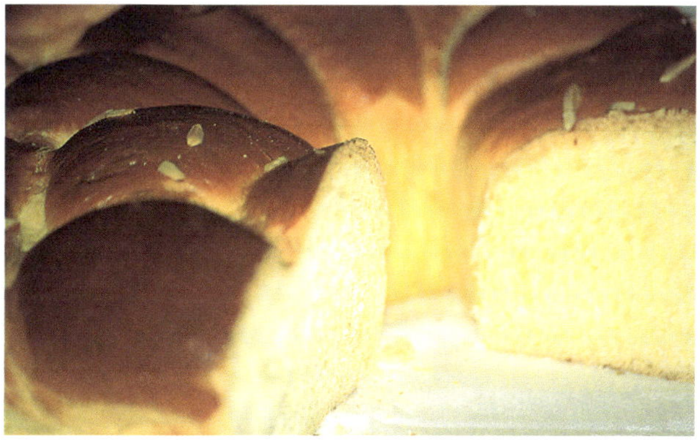

Oder, als sie in das Häuschen eines armen Juden kamen, dessen Tochter mit Marie in der gleichen Klasse war, rief dieser freudig: „Mutter, komm schnell rüber, s'Mariele und der Ernst sind da – ach ist das eine Freude!"
Und so ging es ihnen reihum, überall brachten sie Freude mit ihren Brotsäckchen, bei Christen und bei Juden. Ein ums andere Mal bedankten sich die Beschenkten mit einem herzlichen „Vergelt's Gott" und richteten liebe Grüße an die Eltern aus. Glücklich und zufrieden zogen am Spätnachmittag die beiden wieder heimwärts und freuten sich schon auf nächstes Jahr – auf den Samstag vor Kirchweih.

Nehmet, esset …

Von Walter Hampele

Im Sommer 1944 wurden wir sechzehnjährige Oberschüler zur Flak eingezogen. Im Herbst zerstörte ein Luftangriff unsere Stellung auf dem Fliegerhorst in Hessental. Ausgemergelte Männer in gestreiften Anzügen sollten uns helfen, sie wieder herzustellen. Es waren aber keine Kriegsgefangenen, sondern Juden. Zuerst wagten wir nicht, etwas zu tun. Mit Entsetzen sahen wir sie unsere Abfalleimer leeren. Ein angeschimmelter Brotlaib, den ich unter die Lagernden warf, entfachte einen wüsten Kampf. Beim Streit um faulige Äpfel holten sie uns als Schlichter. Als nur noch eine Gruppe bei uns arbeitete, gaben wir ihnen heimlich Rasierklingen, und schließlich sammelten wir mit Zustimmung unserer Vorgesetzten Brot von der eigenen Ration für „unsere" Juden. Einer von ihnen brach und verteilte es. Doch sie hatten einen Abkommandierten vergessen. Als er zurückkam, trat jeder ein Stückchen für ihn ab. Keiner weigerte sich. Wir standen stumm abseits unserer Geschütze bei der Baugrube. Plötzlich fiel mir ein Wort des Neuen Testamentes ein: „Nehmet, esset; das ist mein Leib."

Das „tägliche Brot" nach den Zerstörungen des Krieges kommt aus der Fremde.

Gedenkstätte in Hessental

Das Crailsheimer Schloss diente bis zu seiner Zerstörung im Frühjahr 1945 auch als Oberamtsgebäude, das heißt Sitz der Kreisverwaltung. Hier kam es im Frühjahr 1933 zu brutalen Ausschreitungen gegen die Juden aus Crailsheim. Mitglieder der Familie Rosenfeld, die eine Getreidegroßhandlung betrieben, gehörten zu den jüdischen Bürgern Crailsheims, die sich in besonderer Weise für das städtische Gemeinwesen engagierten.

Aus der Klosterbäckerei

Dem Brot kommt im Christentum zentrale Bedeutung zu. Jesus selbst hat sich als Brot des Lebens bezeichnet. Damit nimmt er den Hunger des Menschen auf gelingendes Leben auf. Ein Leben, das Dauer hat, vergleicht Jesus mit dem Brot des Neuen Bundes. Auch der Apostel Paulus unterscheidet reales Brot vom Symbolbrot. Im 1. Korintherbrief schreibt er, dass derjenige, der Hunger hat, erst zu Hause essen soll, bevor er zur Mahlgemeinschaft des Herrn kommt. Das Einsetzen des Abendmahls oder der Eucharistie wird mit den Worten überliefert: „In der Nacht, da er verraten ward, nahm er das Brot, sagte Dank und brach es. Er sprach: Dies ist mein Leib, der für euch gegeben wird." Und als Bekräftigung heißt es: „Dies tut zu meinem Gedächtnis." Damit verweist Jesus auf die Mahlgemeinschaft, in der er selbst anwesend sein will. Am Brotbrechen erkennen die Jünger von Emmaus erst den Auferstandenen. Das Mahl schafft Beziehung vom Menschen zur Schöpfung, von Mensch zu Mensch und in dankbarer Anbetung zu Jesus als dem Herrn der Kirche. Die Apostelgeschichte erzählt, wie das gemeinsame Mahl im Mittelpunkt der ersten Treffen und Gottesdienste gestanden hat, zusammen mit der Armenfürsorge und dem Gebet.

Die Praxis der Mahlgemeinschaft hat sich im Lauf der Jahrhunderte verändert. Ursprünglich wurde wohl nach jüdischem Brauch ein eingekerbtes Fladenbrot herumgereicht. Erst zu Beginn des Mittelalters kam die Scheibenform der Hostie mit dem aufgeprägten Bild des Gekreuzigten auf. Die „Oblate", die ungeweihte Hostie, wird aus ungesäuertem Teig von reinem Weizenmehl hergestellt und wurde in Hostieneisen, langstieligen Zangen, die vorn mit Eisenplatten versehen waren, gebacken. Die Obla-

tenherstellung wurde Klosterbäckereien, später auch vereidigten Bäckern anvertraut. Viele evangelische Hohenloher Kirchengemeinden beziehen ihre Oblaten aus dem fränkischen Neuendettelsau. Die dortigen Diakonieschwestern backen etwa eineinhalb Millionen Oblaten jährlich und versorgen damit mehrere Landeskirchen.

Tabernakel, bei den Katholiken Aufbewahrungsort für geweihtes Brot

Die runde Form der Oblate wiederholt sich in der Kuppel des Klosters Schöntal

Gebildbrote im Jahreslauf

Vom Taufbrot zum Leichenweck

Brot ist nicht nur ein unentbehrliches Grundnahrungsmittel. Brot begleitet den Menschen von der Geburt bis zum Tod. An vielen Wegmarken eines Lebensabschnittes hat das Brot eine Bedeutung. Besondere Arten und Formen der Gebäcke im Brauchtum haben Generationen durch das Jahr geleitet. In unserer Region werden sie Gebildbrote genannt. Um eine Festzeit oder einen Feiertag im Jahr zu betonen, wurde bei diesen Gelegenheiten ein besonderes Brot oder Kleingebäck gebacken.
Der Martinsweck, das Neujahrsringle, die Schulbrezel, das Osterbrot und das Erntedankbrot auf dem Altar der Kirche gehören dazu. Brot, dessen Herstellung mit viel Arbeit und Mühe verbunden war,

Erntedankbrot
Michaelsweck
Martinsweck
Leichenweck
Santa-Lucia-Gebäck
Neujahrsringle
Horaffen
Osterbrot
Taufbrot
Pfingstrosenbrot
Sonnwendrad
Schulbrezel

Zu gewissen Zeiten werden extra große und schöne Brote gebacken. Im Mittelpunkt des geschmückten Altars beim Erntedankfest findet sich ein Brot. Der örtliche Bäcker lässt es sich nicht nehmen, eigens dafür ein besonders großes und schönes zu stiften.

wurde heilig gehalten und mit vielen Bräuchen und Mythen verknüpft. Im Altertum glaubte man, dass die Götter selbst das Brotbacken erfunden und es den Menschen gelehrt hätten.

Brotformen und Bräuche haben sich oft bis heute erhalten, auch wenn ihr Symbolgehalt sich immer wieder gewandelt hat. Zu den ältesten religiösen Gebäckformen gehören solche, die Menschen oder Tiergestalten nachbildeten. Fruchtbarkeitsgötter oder Hausgeister hat man damit beschworen und sich „einverleibt". In den Schnecken, Spiral- und Radformen lässt sich zum Beispiel das Sinnbild des Sonnenlaufs erkennen. Auch Ringe und die Vorläufer unserer Brezeln gehören dazu. Einen großen Einfluss auf unsere Brotformen hatten die römischen Gebäcksorten. Das „panis quadratus", das kreuzweise geteilte Brot, entwickelte sich zu einem christlichen Kultgebäck. Interpretierte man doch die Kreuzkerbe als das wichtigste christliche Symbol. In vielen Bauernfamilien war es bis vor kurzem noch Brauch, mit dem Messer vor dem Anschneiden eines neuen Brotlaibs ein Kreuzzeichen über der Kruste

Eigene …

Frische Eier und altes Brot:
eine ideale Kombination für
Knödel und Klöße aller Art

anzudeuten. Zu gewissen Zeiten wurden extra große und schöne Brote gebacken. Sollte doch ein reichhaltiges Mahl an einem Festtag die künftige Segensfülle vorwegnehmen. Brote, die zu wirtschaftlichen und kalendarischen Wendepunkten des Jahres – zu Ostern oder Weihnachten – gebacken wurden, galten als besonders heilbringend. Oft wurden sie kirchlich geweiht und dadurch als doppelt heilbringend angesehen. Wer davon isst, nimmt die Kraft der Erde und den Segen der Kirche in sich auf. Beim Schmücken des Altars am Erntedankfest nimmt das vom örtlichen Bäcker gestiftete mancherorts liebevoll verzierte Brot einen besonderen Platz ein.

Manche Gebildbrote, die zum Erntedankfest hergestellt werden, ähneln kleinen Kunstwerken. Da man mit Hefeteig nur schwer so filigrane Formen herstellen kann, verwendet man bei schwierigen Gebilden lieber Salzteig.

mal

Durch Klosterbäckereien verbreitete sich im Mittelalter die Vielfalt von Brotsorten und -formen, oftmals mit Symbolen des christlichen Glaubens verbunden. Die bis zum 10. Jahrhundert vorherrschenden Abendmahlsdarstellungen wurden um mancherlei Motive, später auch durch Brottempeldarstellungen erweitert.

Allerlei abergläubische Gebräuche wurden auch in unserer Region gepflegt. Beispiele dafür sind aus den Oberämtern Künzelsau und Crailsheim verbürgt. Dort betrachtete man das Löschwasser vom Backofen als heilkräftig. Man wusch damit besonders gerne Warzen ab. In Öhringen, so wird berichtet, wurde dem Täufling während des Gangs zur

Pfingstrosen

Kirche ein Salzbrot, das in ein herausgerissenes Blatt eines Gebetbuches gewickelt war, unter das Kissen gelegt. Und in den ersten Novembertagen, der Zeit des kirchlichen Allerseelentages, lässt der Volksglaube die Seelen der Verstorbenen sich regen. In Zusammenhang mit dieser Vorstellung steht der Brauch, am Allerseelentag Kindern ihre „Seelenwecken“ zu schenken, damit sie fleißig für die Seelen der Toten beten. Im Oberamt Öhringen erhielten die zum Leichenschmaus – mancherorts auch Leichentrunk genannt – Geladenen ein Salzlaiblein als Leichengebäck. Es musste gänzlich verzehrt werden und sollte dann cin Mittel gegen Zahnweh sein. In manchen Ortschaften wird zu den Bratwürsten beim Leichenschmaus ein vom Bäcker extra hergestellter „Leichtweck“ oder „Leichenweck“ verzehrt. Ein luftig gebackener großer Wecken, mit Salz oder Kümmel bestreut. In der Künzelsauer Gegend, so eine volkstümliche Überlieferung, gab es folgenden Brauch für das Entwöhnen des Kindes: Die Mutter nahm, nachdem sie ein Milchbrot gebacken hatte, dieses mit in die Kirche zusammen mit einem Ei. Nach ihrer Heimkehr stillte sie ihr Kind zum letzten Mal. Dann reichte sie ihm das Brot und das Ei mit den Worten:

Da hast ein Semmele
Für dein Memele
Und ein Eile
Für dein Geschreile

In früheren Zeiten findet sich der Brauch, einen Maibaum am Pfingstfest aufzustellen. Später hat man den Frühlingsbaum in der Nacht des Winterabschieds, am 30. April, an einer markanten Stelle des Dorfes errichtet. Entlang des Stammes findet man die Zunftzeichen der örtlichen Handwerker.

Aberglaube:
Am 1. Mai darf man nicht backen, weil sonst der Regen ausbleibt.
Am 1. Mai soll kein Korn gesät werden, sonst fressen es die Würmer.

Bauernregeln:
Am 1. Mai soll sich eine Krähe schon im Roggen verstecken können.
Gibt's im Juni Donnerwetter, wird auch das Getreide fetter.
Wenn es zu Pfingsten regnet, wird keine Frucht gesegnet.

Michaelsweck

Am 29. September, wenige Tage nach Herbstbeginn, ist Michaelstag. Der Erzengel Michael, so ist es überliefert, hält an der Himmelspforte Wacht. Mit seiner Waage wägt er Gutes gegen Schlechtes. Mit seinem Schwert weist er das Böse zurück. Michael und seine Engel, so steht es in der Offenbarung des Johannes geschrieben, kämpfen gegen den Drachen und seine Anhänger. Mit dem Sieg über den Drachen hat er

Aus leicht gesüßtem Hefeteig

die Mächte der Finsternis in ihre Schranken gewiesen.
Der Michaelstag ist Aufruf an die Menschen, die zerstörerischen Kräfte auch bei sich selbst zu erkennen und in die Schranken zu weisen. Zahlreiche Legenden früherer Jahrhunderte berichten vom Wirken des Erzengels. Oft wird er mit seinem Schwert oder als Ritter in einer Rüstung dargestellt.

Michaelistag: Der Herbst hat begonnen. Früher wurde an diesem Tag das Erntefest gefeiert, später auf den Sonntag nach Michaelis verlegt.

Martinsweck

Ein Ritterhelm in Stein gehauen an der Roßfelder Martinskirche erinnert an diesen Heiligen. Um das Jahr 316 wurde er im heutigen Ungarn geboren. In der römischen Stadt Pavia wuchs er heran. Auf Wunsch des Vaters trat er im Alter von fünfzehn Jahren als Soldat in eine römische Reiterabteilung in Gallien ein. Kaum erwachsen geworden, ließ er sich taufen und begann den Glauben durch das Vorbild seiner Taten zu leben. Sein letztes warmes Kleidungsstück, nämlich seinen Mantel, teilte er mit einem notleidenden Fremden.

Die Formen der Martinswecken oder Martinsschiffle unterscheiden sich von Ort zu Ort.

An Martini, dem 11. November, mussten Abgaben, Zinsen und Renten bezahlt werden. So erhielten Knechte und Mägde ihren Lohn und konnten, wie auch an Lichtmess, das am 2. Februar gefeiert wurde, den Dienstherrn wechseln. Kinder erhielten ein Martinsschiffle oder einen Martinsweck. Es begann nunmehr die dunkle Jahreszeit, die keine Feldarbeit mehr zuließ. Um nur eine einzige Licht- und Wärmequelle zu nutzen, traf man sich in einer Stube. Die Spinnstubenzeit begann. Für die jungen Burschen und Mädchen war dies die Gelegenheit, beim lockeren Miteinander anzubandeln.

Kirchwege, manchmal auch Leichen- oder Totenwege genannt, führten von den einzelnen Weilern zur Kirche des nächstgelegenen Dorfes. Man kann sie heute noch daran erkennen, dass aufgrund der über lange Zeit hinweg festgetretenen Erde das Getreide dort – sofern biologisch angebaut – weniger hoch wächst.

Durch den Magen zurück ins Leben: Nach der Beerdigung trifft man sich im Gasthaus. Auf den Tischen stehen Körbchen mit luftig gebackenen großen „Wecken".

Leichenweck

Kümmel- oder Salzwecken sind out – leider. Hier und da bekommt man sie noch beim traditionellen Leichenschmaus in Größe XXL zur Bratwurst mit Kartoffelsalat. Kümmel ist ein bodenständiges, uraltes Gewürz. Kein kulinarischer Überflieger. Vielleicht gehört er deshalb nicht mehr zu den zehn beliebtesten Gewürzen. Dennoch, Kümmel ist alltagstauglich und hilft den Hinterbliebenen, den Alltag wieder unter die Füße zu bekommen. In Wörterbüchern lesen wir, dass dem Salz eine reinigende und läuternde Kraft zugeschrieben wird und es als Symbol der Lebenskraft gilt. Dies erstreckt sich auf den moralischen und religiösen Bereich, wenn zum Beispiel Jesus in der Bergpredigt seine Jünger als „Salz der Erde“ bezeichnet. In weltlichen Zusammenhängen weist dieses Bild in der Regel auf arbeitende, im praktischen Leben stehende und aufrechte Menschen hin.

Jede Region und Provinz hat ihre indivuellen Formen und Namensgebungen

Lussekatter

Traditionelles schwedisches Safranbrot

Zutaten für ca. 30 Stück:
175 g Butter
500 ml Milch
50 g Hefe
½ TL Salz
200 ml Zucker
1 Döschen Safran (1 g)
2 Messerspitzen Kardamom
1 Tasse Rosinen
1200 g Weizenmehl

Zubereitung:
Hefeteig ansetzen, 40 Minuten warm und bedeckt gehen lassen. Lussekatter formen, wieder 30 Minuten gehen lassen, das Brot mit geschlagenem Ei bepinseln und mit Rosinen dekorieren. Ca. 5 bis 10 Minuten bei 225 bis 250 °C backen (große Brote 15 bis 20 Minuten).

Santa Lucia

Geflochtenes Kleingebäck erfreut sich besonders in der Weihnachts- und Osterzeit großer Beliebtheit. Nicht selten haben diese Gebildbrote ihren Ursprung in der Tradition anderer europäischer Länder. Als Beispiel dafür kann man an die Heilige Lucia denken. Sie erlitt im 4. Jahrhundert den Märtyrertod und gilt als Schutzheilige aller Augenkranken. In der Volksfrömmigkeit spielt sie eine große Rolle und zwar von Sizilien bis hinauf nach Schweden. Dort wird das Lucia-Fest alljährlich am 13. Dezember gefeiert, denn nach dem alten julianischen Kalender war dies die längste Nacht des Jahres und die Dunkelheit des Winters schwand.
In den Morgenstunden dieses Tages werden gleich mehrere Frühstücksmahlzeiten abgehalten, um gebührend auf das Weihnachtsfest vorbereitet zu sein. Dazu gehören bis heute viele hintersinnige Backformen, auf einem Tablett serviert. Das „Wickelkind" ist noch unschwer zu erkennen, oder auch des „Pfarrer's Haarpracht". Schwerer wird es schon beim „Weihnachtsochsen". Kaffee wird in Mengen dazu getrunken, findet das Luciafest doch den ganzen Morgen hindurch statt.

Aniskipfle

Als traditionelles und beliebtes Backwerk gehört das sogenannte Aniskipfle zum festen Bestandteil der weihnachtlichen Esskultur in den Crailsheiner Familien. Das längliche, etwa brötchengroße Gebäckstück mit zwei spitzen Enden besteht aus einem leicht gesüßten, mit Butter und Eiern verbesserten und mit ganzen Anissamen gewürzten Hefeteig. Den Teig bereiteten die Crailsheimer Bürgersfrauen in der häuslichen Küche zu, wobei jede Familie ihr eigenes Rezept hatte. Anschließend brachte man den Teig zu den ortsansässigen Bäckern, welche die Kipfle fachmännisch formten und ausbuken. Das fertige Gebäck bewahrte man zu Hause häufig in Steinguttöpfen auf und konnte es so noch bis Ostern genießen.

Neujahrsringle

„Altes Brot ist nicht hart – kein Brot ist hart", so heißt ein Spruch, der in Rot am See und in so manch anderen hohenlohischen Ortschaften über dem Brotregal des Bäckerladens hing und daran erinnern sollte, dass nicht alle Menschen das tägliche Brot hatten. Mancher entsinnt sich noch daran, dass in der Grundschulzeit in der Pause eine Brezel für sechs und ein „Weckle" für fünf Pfennige zu haben war. Dieses Vespergebäck wurde nach dem letzten Krieg lange Zeit aus schwarzem Mehl gebacken. Weißmehl war ein ausgesprochener Luxus und nur besonderen Anlässen und Festtagen vorbehalten.

Einer dieser besonderen Tage ist Neujahr, und zur Tradition gehörte es, dass die Kinder der Verwandschaft und den Nachbarn „Neujahr" wünschten. „Der Neujahrsrundgang fing gleich morgens innerhalb des Hauses an", so erinnert sich der aus Rot am See stammende Herbert Schüßler: „Zuerst besuchten wir die Eltern, dann die Paten und anschließend die Großeltern. Damals beherbergte das große alte Haus neben der Kirche nämlich gleich drei Generationen. Ich sehe uns kleine Steppke noch im Geist, wie wir aufgeregt Aufstellung nahmen, angetan mit kurzen Hosen, selbstgestrickten Sonntagspullovern, langen, meist kratzigen, von Strapsen gehaltenen Strümpfen und blankgeputzten Stiefelchen, um gemeinsam den Neujahrswunsch vorzusagen, oder besser noch vorzuleiern:

Ich bin ein kleiner Mann,
der nicht viel wünschen kann,
ich wünsch dir alles Glück,
das Gott vom Himmel schickt –
Prosit Neujahr!

Zur Belohnung gab es nun ein Neujahrsringle, ein vom Bäcker aus weißem Mehl goldbraun und glänzend gebackener, aus zwei Teigsträngen gedrehter Ring, den wir freudestrahlend sofort über den linken Arm streiften. Nachdem wir unser Haus verließen, hatte jeder bereits drei Ringe über dem linken Arm, und dann ging es bei den Nachbarn reihum weiter. Überall wurden wir gelobt und erhielten unsere Neujahrsringle. Wenn wir dann wieder stolz und glücklich heimwärts trotteten, so hatte jeder den ganzen Unterarm, vom Ellenbogen bis zur Hand, dicht an dicht voller herrlich aussehender und fein duftender Neujahrsringe, ein köstlicher Vorrat für viele Tage."

Horaff und Brezel

Doppelhorn und Ringbrot

Die Geschichte von der Belagerung der Stadt und dem plötzlichen Abzug der Feinde durch das offenherzige Auftreten der Bürgermeistersfrau (siehe Seite 98) ist nur eine Variante für die Deutung des Horaffengebäcks. Heimatforscher gehen dabei noch andere Wege. Demnach bezeichneten die Germanen die beiden Wintermonate Januar und Februar als das große und kleine Horn. In Verbindung mit dem Fest der Wintersonnenwende wurden unter anderem Ringelbrote als Opfergaben dargebracht. Hörner standen im Altertum für Machtfülle und Stärke der Gottheit. Man nimmt nun an, dass man auch deren Form nachgebildet hat und als Speiseopfer dem Sonnengott, der als Schutzgott des Ackerbaus galt, darbot. Das so entstandene Doppelhorn wäre dann zum Hornungsfest im Januar oder Februar als Gebäck gefertigt worden.
Man findet übrigens solche Gebäckformen nicht nur in Hohenlohe, sondern verteilt in ganz Deutschland.

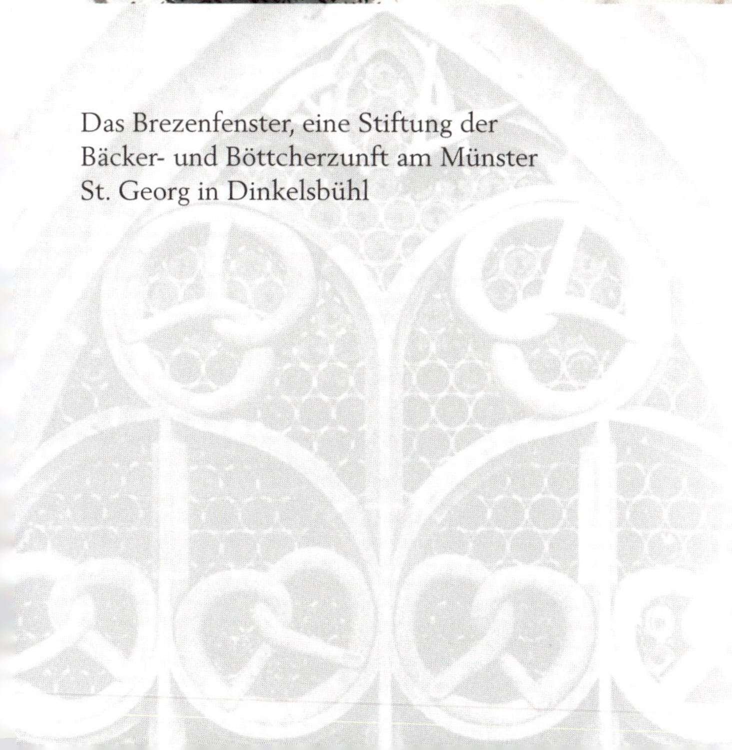

Das Brezenfenster, eine Stiftung der Bäcker- und Böttcherzunft am Münster St. Georg in Dinkelsbühl

Heimatkundler und Kulturwissenschaftler beschäftigen sich ausführlich mit der Brezel. Nicht immer ist man sich einig. Fest steht jedoch, dass es sich ursprünglich um Ringbrote gehandelt hat. Erst im Lauf der Jahrhunderte nahm dieses Kleingebäck die heutige Gestalt an. Als ein besonderes Festtagsgebäck wurde die Brezel hauptsächlich in den Klöstern gebacken. Weil es davon in Süddeutschland besonders viele gab, hat sie sich hier auch stark verbreitet. Man weiß von Brezelverkäufern, die an solchen Festtagen vollbepackt loszogen, um ihre Ware anzubieten.
Inzwischen gibt es Brezeln jeden Tag, aber den Brezelverkäufer oder die Brezelfrau gibt es immer noch, auf Volksfesten und auf dem Schulhof.

Erwachen

Osterbrot

Vom ersten Hahnenschrei vertrieben: die Dämonen der Nacht. Sinnbild der Wachsamkeit und Wetterprophet. Der Künder des Tages verweist auf den Auferstehungsglauben im Christentum. Auf der Kirchturmspitze angebracht, wird er als erstes von den Sonnenstrahlen berührt und veranschaulicht den Sieg des Lichtes über die Macht der Finsternis.

In manchen Familien stellt die Hausfrau am Ostermorgen einen gebackenen Osterhasen auf den Tisch. Oder ein Osternestchen aus Hefeteig mit einem bunten Ei in der Mitte.

Das Osterbrot in Form eines Lammes geht zurück auf das jüdische Passahfest. Zum Festessen gehört dort seit eh und je ein gebratenes Lamm. Die frühen Christen setzten diese Sitte fort, wobei nun Christus das Osterlamm darstellte.

Taufbrot

Ein Brot mit einer Vielzahl von Deutungsmöglichkeiten. Die zwölf Zacken verweisen auf die Anzahl der Monate im Jahr; die Zahl 12 hat vielerlei biblische Bezüge. Die 4 bezeichnet die Gesamtheit der geschaffenen Welt, die Himmelsrichtungen und die Urelemente Feuer, Wasser, Luft und Erde. Die Spirale verweist auf die Mitte der Person und auf den Weg des Menschen zu sich selbst.

Gottes Jawort und die Gaben der Natur am Beginn eines Lebensweges

Sonnwendfeier

in der Nacht zum 21. Juni

Nicht mehr wegzudenken aus dem jährlichen Veranstaltungskalender der Stadt Vellberg ist die Sonnwendfeier. Nachdem der Schwäbische Albverein, Ortsgruppe Großaltdorf, diese Tradition bis in die 60er Jahre am Leben erhielt, schlief sie in den Folgejahren ein, bis sich 1977 ein Freizeitclub namens „Andechser Kultur- und Sportclub" entschloss, daran wieder anzuknüpfen. Im Vorfeld gilt es jedes Jahr eine Menge zu organisieren, damit – solange das Wetter mitspielt – Hunderte von Besuchern das Spektakel auf dem Talheimer Binselberg bestaunen können. Vor allem braucht man eine Unmenge trockenen Holzes, Stangenholz und altes Gebälk. Und welch prächtiges Schauspiel, wenn dann der acht Meter hohe Holzstoß in Flammen steht und weithin sichtbar ist. Fackeltänze, Lieder, eine Feuerrede und in den Morgenstunden, wenn das Feuer heruntergebrannt ist, für die Mutigen der Feuersprung über die heiße Glut. Der Brauch der Sommersonnenwende hat seinen Ursprung wohl im germanischen Volksglauben. Inmitten der festarmen Zeit war dies ein wichtiger Einschnitt im bäuerlichen Jahreslauf. Die Sonne erreicht ihren höchsten Stand und von nun an werden die Nächte wieder länger. Dieses Mitsommernachtsfest, das in den nor-

dischen Ländern nach wie vor eine große Tradition hat, wurde unter christlichem Einfluss auf den Tag Johannes des Täufers verschoben, vom 21. Juni auf den nächsten kirchlichen Feiertag, den 24. Juni. Johannes war nach biblischem Zeugnis genau ein halbes Jahr älter als Christus. Sonnwendfeier und Johannisfeier wurden so miteinander verschmolzen. Höhenfeuer wurden entzündet, um damit die nun sinkende Sonne zu stärken. Daneben hat das Feuer reinigende und abwehrende Kraft. Die lodernden Flammen sollen Dämonen vertreiben und Unwetter, Hagel und Seuchen abhalten. Unsere Vorfahren pflegten wohl auch, wenn sie ein Stück Land in Besitz nahmen, zuerst einen Holzstoß zu entzünden, um schädliche Einflüsse auf Mensch und Tier zu bannen. Mit dem Tanz um den lodernden Flammenstoß oder mit dem Sprung durch das Feuer versuchte man dem Unheil zu wehren und sich Gesundheit und Glück zu sichern. Der Feuersprung verlieh nach altem Volksglauben Schutz gegen Hexenschuss und Augenleiden. Bräuche rund um die Sonnwendfeier waren vielschichtig, wobei vorchristliche und christliche Einflüsse vielfach verschmolzen. In den letzten Jahrzehnten freilich verloren sie an Bedeutung. Gelang es doch dem Menschen, die Nacht zum Tage zu machen. Im Scheinwerferlicht wird auf den Höfen und Feldern oft bis tief in die Nacht hinein gearbeitet. Der Einbruch der Dunkelheit als natürliche Grenze menschlicher Arbeit hat an Bedeutung verloren und auch das Feuer als vernichtende oder reinigende Kraft ist kaum mehr erfahrbar.

Am ersten Schultag

Zu den ältesten und bekanntesten Gebildbroten gehört die Brezel. Zur Zeit von Kaiser Karl dem Großen nahm das Ringbrot allmählich die Form unserer heutigen Brezel an. In den Klöstern wurde sie als Fasten- oder auch als Festtagsspeise bekannt. Wie es zur Formgebung des Gebäcks kam und welche Bedeutung diese besondere Form hat, darüber streiten sich die Gelehrten schon lange. Manche meinen, die Gestalt der Brezel solle an ein Seil erinnern und dadurch die Fesselung Jesu mit Stricken andeuten. Wegen ihrer Kreis- und Kreuzform hat man sie auch schon in Zusammenhang mit den Zauberbändern der altgermanischen Frauen gebracht, oder man sieht in der Brezel das Zeichen des Kreuzes in einem Kreis als Zeichen der Herrschaft der christlichen Religion über den Erdkreis. Dann gibt es noch die Erklärung mit den „Ärmchen", denn der Name Brezel könnte sich aus dem lateinischen Wort für

Frisch und noch warm in der großen Pause – das Kleingebäck im Weidenkorb der Brezelfrau

Arm, „bracchium", herleiten. Mittelhochdeutsch wird daraus die „brecita" oder „brezin". Am schönsten aber ist die Erklärung: Brezel kommt von pretiola, dem lateinischen Wort für Belohnung/Geschenk. Die Pfarrer und Lehrer pflegten nämlich die Kinder mit Brezeln zu belohnen und zu motivieren. Die alte Sitte, dass jedes Kind zum Schulanfang eine übergroße Schulbrezel erhält, findet man erfreulicherweise immer noch in vielen Gemeinden der Region. Ursprünglich jedoch wurde die Schulbrezel als Geschenk der Gemeinde an die Schüler verteilt, sobald sich der Schulrat angesagt hatte. Seitdem diese jedoch ihre Visitationen nicht mehr über das Rathaus anmelden, gibt es das leckere Gebäck am ersten Schultag. Dass gerade Kinder Brezeln lieben, ist offenkundig. Gerade wenige Monate alt, lutschen sie mit Vorliebe an einer Laugenbrezel, bis diese sich langsam im Mund des Kindes auflöst. Wenn sich im Laufe der Jahre die Essgewohnheiten auch ändern, die Liebe zur Brezel bleibt. Die Brezel ist und bleibt der Liebling aller. Sie ist, modern gesprochen, ein „Selbstläufer" und vielleicht wird auch deshalb viel mit der Brezel geworben. Sie ist zum Symbol des Bäckerhandwerks geworden und steht für Standesbewusstsein und Berufsehre. Deshalb wurde sie nicht selten von den Bäckern auch für ihre private Selbstdarstellung benutzt. In Wohnung und Betrieb kehrt das Brezelzeichen wieder – als Ornament auf Geräten und Gegenständen, auf Grabsteinen und Wirtshausschildern, eingemeißelt als Hausschild über den Eingangstüren der Bäckereien.

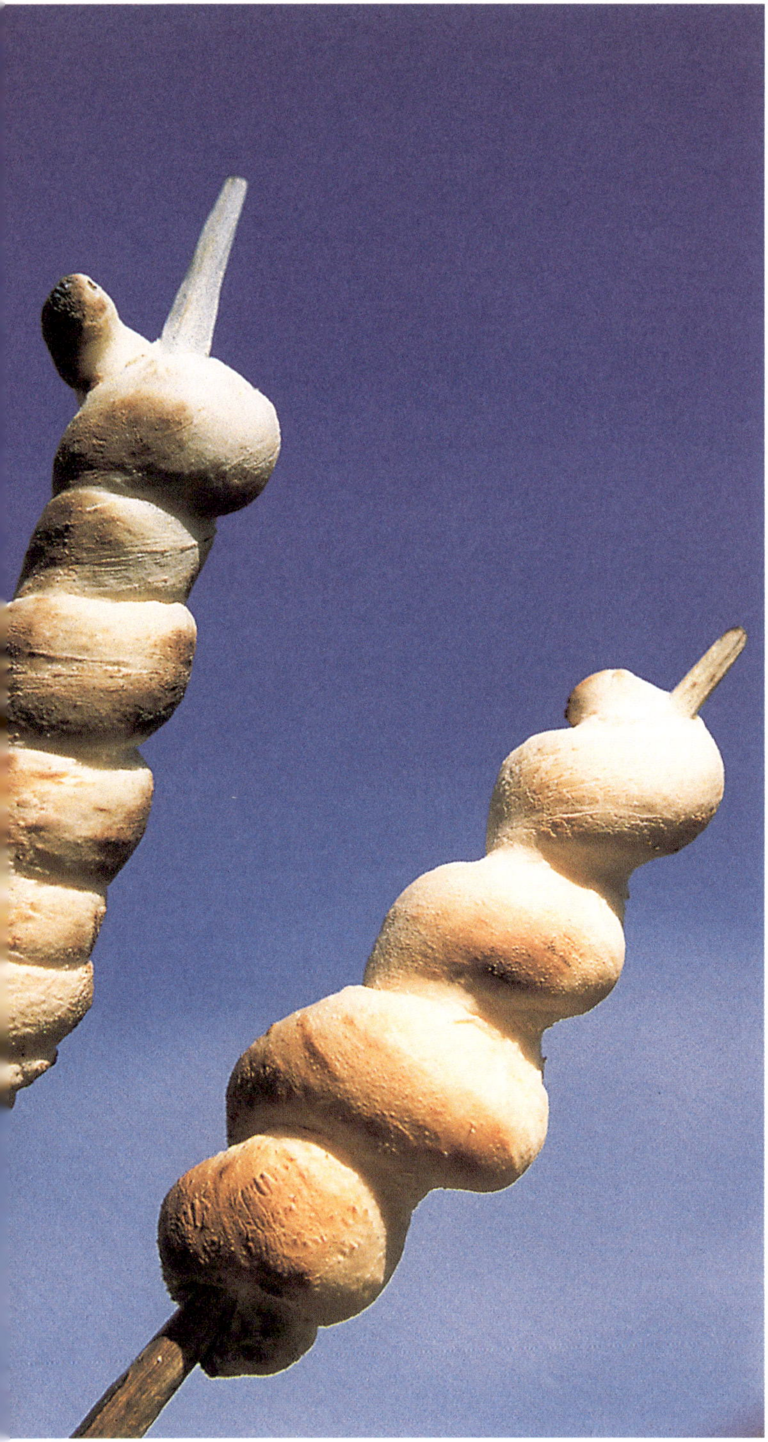

Stockbrot

Kindergeburtstag im Sommer. Raus zum nächsten Spiel- und Grillplatz. Während die Kinder herumtollen, sollte man schon frühzeitig an das Feuer denken. Am besten bringt man etwas trockenes Holz von zu Hause mit. Nachdem dann die unvermeidliche Wurst gebraten wurde, kann es weitergehen mit Stockbrot. Schlängelt man einen Strang Hefeteig um die Stockspitze, ergibt sich eine schöne Form und der Teig wird gleichmäßig in nur wenigen Minuten fertig gebacken. Etwas Geduld benötigt man freilich, und immer schön langsam drehen. Die Teigportion sollte nicht zu groß sein, außerdem wartet man mit dieser Aktion, bis das Feuer heruntergebrannt ist. Wer will, kann noch ein paar in Alufolie gewickelte Kartoffeln ins Feuer legen. Nach etwa 30 Minuten können sie rausgefischt und gegessen werden. Man sollte nicht versäumen, hin und wieder den Kindern zuzuschauen, vor allem deren Mimik spricht manchmal Bände.

Wie die sich anstellen!

Erstaunlich, wie das kleben bleibt!

Ganz schön heiß!

’s babbd

Über den Daumen gevespert

Butterbrot und Milchkaffee

In den Klöstern des nördlichen Galliens wurde Butter bereits seit dem 7. Jahrhundert gesalzen. Eine allgemeine Salzkonservierung in Nordeuropa wurde später durch den hansischen Handel ermöglicht. Im Spätmittelalter ist ein relativ hoher Butterkonsum in den norddeutschen und niederländischen Städten bezeugt. In Süddeutschland dagegen machte sich italienischer Einfluss breit. Das gilt für die Vielfalt der Mehlspeisen und für die Verwendung feiner Gewürze. So begann man mit der Beimischung von Gewürzen zum Brotteig. Dies hatte mehrere Gründe. Verbesserung des Geschmacks, Anregung der Verdauung und die Erfahrung, dass man mit entsprechenden Gewürzen auch muffiges Mehl noch verwenden konnte. Man würzte überhaupt viel und gerne im Mittelalter und auch die in Hohenlohe angebauten säuerlichen Weine wurden dadurch genießbar.

In Süddeutschland blieb das Brot jahrhundertelang ohne Butteraufstrich. Imbisse und Zwischenmahlzeiten bestanden aus Wein, Brot und Käse oder aber aus Milch und Brot. Als Buttervorrat galt hier das Schmalz, ein vorzügliches Koch-, Back- und Bratfett. Noch heute ist ein Schmalzbrot mit Schnittlauch die ideale Ergänzung zu einem Glas Most. Erst mit dem Kaffee drang im 18. Jahrhundert auch das Butterbrot nach Süden vor. Zum Ärger der Obrigkeit fasste das Luxusgetränk Kaffee schnell auch in ärmeren Schichten Fuß. Beim Experimentieren mit Ersatzstoffen war man äußerst erfinderisch. Das Süßen von Kaffee und Tee schaute man von den höheren Schichten ab, und so lag es nahe, das neue Getränk mit Süßem zu verbinden. Nicht nur in den Nach-

mittagsstunden, sondern auch beim Frühstück aß man Brot mit süßem Aufstrich. Im Hohenlohischen stand dagegen noch bis zum frühen 20. Jahrhundert die Brotsuppe oder eine andere warme Speise auf den Frühstückstischen der Landbevölkerung.

tionell

Handvesper unterm Burgbergturm

Schmeckt noch am späten Abend: Schmalzbrot mit Schnittlauch

Miniburger auf heißem Stein, zu Hause oder am Lagerfeuer wie in Urzeiten

Indianerbrot auf heißem Stein

Brotbacken zusammen mit den Kindern am Samstagabend. Unkompliziert und ohne große Vorbereitung, ein Erlebnis für alle. Man benötigt dazu einen elektrischen Tischgrill mit einer glatten Steinoberfläche. Die Kinder rühren mit etwas Wasser einen Fertigteig an und kneten ihn. Dann werden aus dem Teig kleine, flache Fladen geformt. Gemüse, Pilze und, wenn man mag, auch etwas Fleisch werden dünn aufgeschnitten. Nachdem der heiße Stein in der Mitte des Esstisches seine Temperatur erreicht hat, bestreicht man ihn mit etwas Öl. Danach werden die kleinen Brote, das Gemüse und das Fleisch daraufgelegt. Es beginnt zu brutzeln und jeder kann beobachten, wie die Fladenbrote aufgehen. Nach nur wenigen Minuten werden sie gewendet und ein appetitlicher Geruch steigt die Nase hoch. Nach weiteren drei bis vier Minuten sind sie knusprig braun gebacken. Man kann sie einfach so essen oder aufschneiden und mit Gemüse und dem inzwischen ebenfalls auf dem heißen Stein gegarten Fleisch belegen. Kinder essen diese Miniburger am liebsten mit Ketchup.

Gute und unkomplizierte Fertigteige kann man über Outdoorgeschäfte beziehen. Am bekanntesten ist das sogenannte Bannokbrot, ein erdig schmeckendes Gerstenbrot, ursprünglich aus Kanada kommend und deshalb auch Indianerbrot genannt. Die in einem Beutel eingeschweißte Brotmischung kann man überallhin mitnehmen; daraus lässt sich in kurzer Zeit ein schmackhaftes Brot backen. Warum also nicht einmal ein Kanu mieten und einen Sonntagsausflug auf Kocher oder Jagst unternehmen? Am Ufer finden sich herrliche Grillplätze. Schnell ist das nötige Holz zusammengetragen und ein kleines Feuer entfacht. Ein Stock wird gesucht, nur werden jetzt daran keine Würste aufgespießt, sondern Stockbrot gebacken (Seite 144). Der Teig ist mit wenig Wasser gleich fertiggestellt und an die Stockspitze angeknetet. Einige Minuten über das offene Feuer halten und dabei das drehen nicht vergessen – fertig!

Brotgenuss mit Olivenöl:
Weißbrot aus der Toskana –
ursprünglich ungesalzen

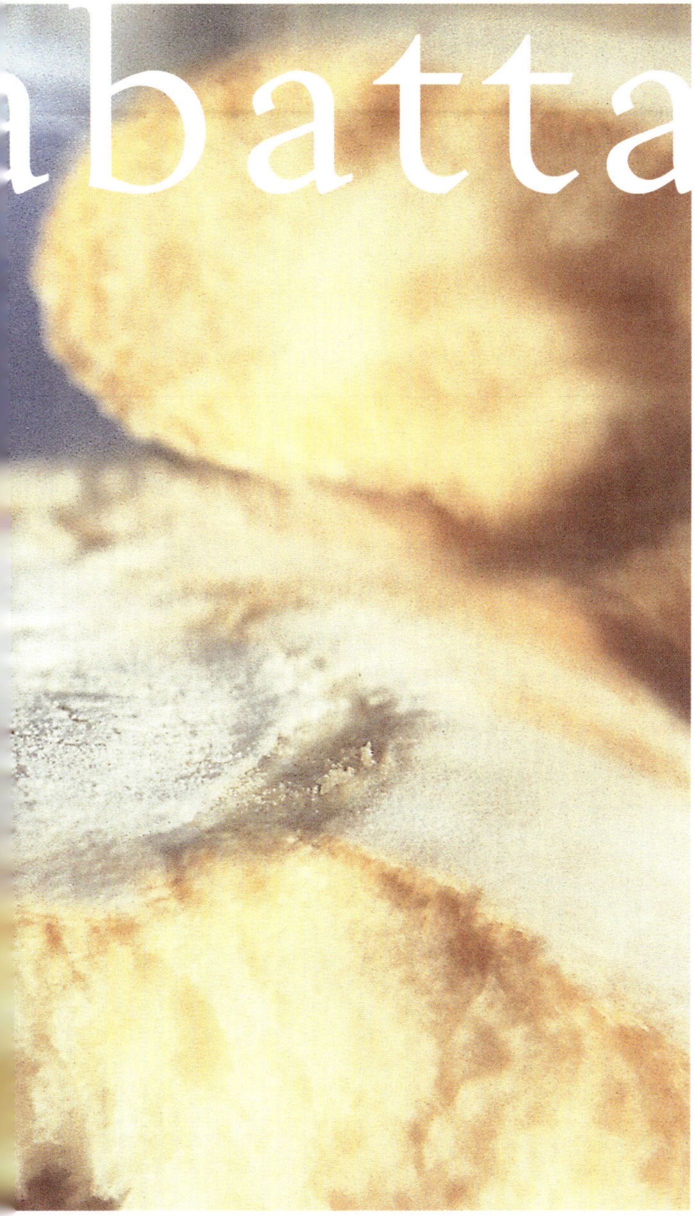

Von den Küsten des Meeres ins Hohenloher Land

In den Städten sah man in den 60er Jahren, wie die erste Pizzeria am Ort eröffnet wurde. Vor allem die Jugend traf sich dort und zog die Pizza „Quattro Stagioni“ dem heimischen Blooz vor. Als es dann die zweite und die dritte Pizzeria am Ort gab, wurde die italienische Küche auch in Hohenlohe entdeckt. Man fand heraus, dass man italienisches Weißbrot mit Olivenöl, besser noch mit einer ins Öl gedrückten Knoblauchzehe, beträufeln konnte. Auch eignet sich das knusprige Brot besonders zu einer Vorspeise mit luftgetrockneter Salami und in Öl eingelegtem Gemüse. Das außen bemehlte Ciabatta wurde hierzulande in der zweiten Hälfte der 90er Jahre populär – vor allem durch Fertigprodukte und Backmischungen für Bäckereien. Das Brot besteht großenteils aus doppelt gemahlenem Hartweizengries. Es wird aus einem sehr feuchten, mit Olivenöl aromatisierten Teig gebacken und hat innen die für die Zubereitungsart charakteristischen Löcher. Es sieht ein bisschen aus wie ein plattgedrückter Schuh. Ciabatta heißt im italienischen ja auch „Hausschuh“. Die Krume muss leicht, löchrig und ein wenig zäh sein.

Wer heute in einem guten italienischen Restaurant speist, kann auch schon einmal ein Weißbrot mit getrockneten Tomaten im Teig serviert bekommen, ein Oregano- oder Olivenbrot. Besonders schmackhaft, wenn schwarze und grüne Oliven sowie hochwertiges Olivenöl diesem unwiderstehlichen Brot sein intensives Aroma verleihen.

In den Ländern des östlichen Mittelmeers sind Fladenbrote die Favoriten. In Griechenland heißen sie „Pittabrot“ und in der Türkei „Pide“. Sie werden auf-

geschnitten und mit Gemüse, Salat und Fleisch gefüllt.
Durch den Zuzug von Gastarbeitern nach dem Krieg und durch den entstehenden Trend, im Südosten Europas seinen Urlaub zu verbringen, kamen mediterrane Fladenbrote zu uns. Nachdem sich in den Städten des mittleren Neckarraumes türkische und griechische Familien niedergelassen hatten, begann allmählich diese Bevölkerungsgruppe auch im Hohenlohischen heimisch zu werden.
So entstand zum Beispiel in Künzelsau zu Beginn der 60er Jahre eine griechische Gemeinde. Auf deren Speisezettel stand später auch das Gyros, ein vom Drehspieß geschnittenes, gegrilltes Fleisch, das man mit Zwiebeln und Knoblauchsoße, eingewickelt in ein dünnes Fladenbrot, isst. Inzwischen

Neuester Trend: „Wraps". Frischkäse, Thunfisch und frische Kräuter, in Teigtaschen gewickelt

hat auch der Imbissstand neben dem Supermarkt diese Spezialität im Angebot. Neben den Bratwürsten wird Gyros gegrillt. Das Fladenbrot wird aus einer riesigen Plastiktüte hervorgeholt und in der Mikrowelle kurz erwärmt.

In der Mittagspause treffen sich Jugendliche am Kebabstand. „Einmal Döner!" Das runde Fladenbrot wird aufgeschnitten und mit Fleisch und Gemüse gefüllt. „Scharf", sagen einige, und der Mann am Drehspieß streut wortlos etwas getrocknetes Chilipulver in die Öffnung des Fladens und wickelt diesen in eine doppelte Serviette ein. Mit vornüber gebeugtem Kopf setzen sich die Jungs und Mädels auf die Blumenkübel nebenan und hoffen, dass die Serviette nicht all zu schnell aufweicht.

Erstaunlich, aber Schärfe kann man messen. Der Chemiker Wilbur Scoville aus Detroit hat dies 1912 getan. Peperoncini, wie wir sie aus der Mittelmeerküche kennen und die unter guten Bedingungen auch in unseren Gärten wachsen, erreichen auf dieser Scoville-Skala lediglich einen Wert zwischen 100 und 500. Die lange, schlanke und tiefrote Schote des „Cayenne-Pfeffers", die an der Spitze oft etwas gebogen ist und die wir verallgemeinernd als Chili-Schote bezeichnen, hat einen Wert zwischen 30 000 und 50 000.

Übrigens trinkt man bei zu viel Schärfe im Mund niemals Wasser. Besser ist es schon, einen Joghurt in der Nähe zu haben. Oder ein Stück frisches Brot, vielleicht sogar mit Butter bestrichen, denn Fett löst das für die Schärfe verantwortliche Capsaicin und Brot neutralisiert, wie man bei jeder Weinprobe erklärt bekommt.

... trau dich!

Zucchinibrot

Ein süßes Brot zum Nachmittagskaffee

Zutaten:
3 Eier
3 EL Zucker
1 Tasse Speiseöl
300 g geriebene Zucchini
3 Tassen Weizenmehl Typ 405
1 TL Salz
1 TL Natron
1/2 Päckchen Backpulver
2 TL Zimt
1 Tasse grob gehackte Walnüsse

Zubereitung:
Die Zutaten mit Ausnahme der Nüsse mit dem Handrührgerät zu einem Teig verarbeiten. Danach die gehackten Nüsse unterheben. In einer gefetteten Form bei 180 °C 75 Minuten im Backofen ausbacken.

Tomatenbrot

Ein Sommerbrot,
ideal zum gegrillten Fisch oder Geflügel

Zutaten:
400 g Weizenvollkornmehl
500 g Weizenmehl Typ 405
100 g Hanfsamen
2 Päckchen Trockenhefe
2 TL Salz
1 Päckchen Sauerteigfertigansatz (100 g)
80 g eingelegte oder getrocknete Tomaten
1 Tomate und geriebenen Käse zum Bestreuen

Zubereitung:
Aus den Zutaten einen Teig kneten, eine halbe Stunde gehen lassen. Der Teig wird dann geformt und in eine gefettete Form gegeben. Noch einmal eine halbe Stunde ruhen lassen. Vor dem Einschießen nach Wunsch mit dünnen Tomatenscheiben und geriebenem Käse bestreuen.

Zwiebel-Paprika-Brot

Im Herbst eine Köstlichkeit zum neuen Wein

Zutaten:
1 Tasse Weizenmehl Typ 405
1 Tasse Weizenvollkornmehl
1 EL Zucker
1 Päckchen Backpulver
1 TL Senfkörner
1 TL Salz
50 g Margarine
½ Tasse geriebener Edamer
2 EL geriebener Parmesan
1 Tasse Milch
1 Ei
3 kleine Zwiebeln
½ rote Paprikaschote

Zubereitung:
Alle Zutaten außer Zwiebeln und Paprika in einer großen Schüssel zu einem Teig verkneten. Teig in eine gefettete Kastenform geben. Nun die Zwiebeln und die halbe Paprikaschote klein schneiden und auf dem Teig verteilen. Bei 175 °C 80 Minuten im Backofen backen.

Runder Kräuterlaib

Köstlich duftend und weich –
in warmen Scheiben zum Gemüseeintopf reichen

Zutaten:
1 Tasse Maismehl
2 Tassen Weizenmehl Typ 405
2 Tassen Weizenvollkornmehl
2 Päckchen Trockenhefe
3 EL Speiseöl
1/2 Tasse gehackte Zwiebel
1 Becher Sahne
1 EL Zucker
1 TL Salz
1/2 Tasse gehackte Petersilie
1/2 TL getrockneter Dill
1/2 EL getrockneter Thymian

Zubereitung:
Die gehackte Zwiebel mit dem Öl andünsten. Sodann Zwiebeln, Sahne, Kräuter, Salz und Zucker mischen, mit der Trockenhefe, dem Mais- und Weizenmehl verrühren. Das Vollkornmehl von Hand einarbeiten. Auf einem bemehlten Brett kneten und in einer gefetteten Form einmal umdrehen, damit auch die Oberfläche fettig wird. Mit einem Tüchlein abdecken und bis zur doppelten Menge gehen lassen. Noch einmal durchkneten und in zwei gefettete Backformen geben. Bedeckt 45 Minuten gehen lassen. Bei 175 °C etwa 45 Minuten backen. Bevor die Laibe zu dunkel werden, sollte man sie mit Pergamentpapier abdecken.

Walnuss-Croûtons

Ein paar Scheiben Toastbrot leicht anrösten und in Würfel schneiden. In der Pfanne mit reichlich Butter und unter Zugabe von Walnusskernen und frisch gemahlenem schwarzen Pfeffer goldbraun backen und zu einer Tomatensuppe servieren.

Crostini

Weißbrot vom Vortag in dickere Scheiben schneiden. Mit einer Masse aus Kräuterfrischkäse, geriebenem Emmentaler, einer zerdrückten Knoblauchzehe und etwas Olivenöl bestreichen. Im Backofen bei 200 °C bräunen lassen, bis der Käse geschmolzen ist. Vor dem Servieren mit ein oder zwei Tröpfchen delikatem Obstessig beträufeln. Ein ganz neues Geschmackserlebnis.

einfa

Außergewöhnliche und auch erschwingliche Delikatessen, die oftmals noch kaum beachtet sind: Obstessige aus reiner Frucht. Brotteige lassen sich mit ein paar Tropfen davon herrlich aromatisieren.
Üblicherweise besteht ein Fruchtessig aus einem einfachen Obstessig mit ein paar Tropfen Fruchtsaft. Robert Bauers Weingut in Flein bei Heilbronn vergärt dagegen nur den reinen Fruchtsaft direkt zu Essig. Dadurch entsteht eine gewaltige Geschmacksdichte. Besonders zu empfehlen sind neben den Fruchtessigen auch der Kastanienhonig- oder Feigenessig.

Bis vor kurzem war Knoblauch in den vornehmen bürgerlichen Haushalten verpönt. Schon im alten Rom verzichteten die Vornehmen auf diesen Genuss. Knoblauch diente eher den weniger bemittelten Leuten und Landarbeitern als Nahrungsmittel. Er wurde roh zum Brot oder gekocht als Gemüse verzehrt.

Die Verbindung mit „Urlaub" hat den Einzug des „stinkenden" Gewürzes in unsere Regionen erleichtert. Knoblauch zu verzehren bedeutet seit Anfang der 70er Jahre, dass man ferne Länder besucht hat.

Knoblauch-Croûtons

Weiß- oder Schwarzbrotscheiben, die auch schon etwas hart sein dürfen, klein würfeln. In zerlassener Butter anbraten. Knoblauch und fein gehackte Kräuter aus dem Garten zugeben. Danach mit etwas Olivenöl beträufeln und in der Pfanne goldgelb rösten oder nach Geschmack mit Kräutersalz bestreuen.
Die Würfel kann man dekorativ über einen frischen Blattsalat oder eine feine Cremesuppe streuen.

Luftig und leicht, gut zu Pikant-Würzigem

Bauernweißbrot

Helles Weizenbrot mit knuspriger Kruste

Ursprünglich aus dem Elsass kommend, trifft es auch hierzulande auf immer mehr Liebhaber. Das großporige Brot mit der kräftigen Kruste passt wegen seines milden Geschmacks zu vielen Speisen und Getränken. In manchen Bäckereien kann man sich seine Portion von einem riesigen Laib herunterschneiden lassen.

Loslegen

Eigenkreationen – immer wieder anders

Brotbacken macht Spaß! Vor allem, wenn man einiges ausprobiert. Geben Sie zum Beispiel getrocknete, grob geschnittene Tomaten oder Oliven in den Teig – die bringen Farbe ins Brot und lassen es herrlich aromatisch schmecken. Fein gehackte Nüsse, Körner aller Art, Kräuter und Gewürze, Heimisches und Fremdes warten nur darauf, Bekanntschaft mit dem Brotteig zu schließen. So entsteht jedes Mal ein neues Aroma.

Verzeichnis

Fotos

Titel- & Rückseite:
Roland Silzle und Hermann Seiter

Roland Silzle
Seite 9, 10, 11, 12, 14, 16, 17, 18, 19, 20, 21, 22, 23, 24, 25, 32, 33, 34, 35, 36, 37, 39, 40, 41, 42, 43, 44, 45, 46, 47, 48, 49, 50, 51, 52, 53, 54, 55, 56, 57, 58, 59, 60, 61, 63, 64, 65, 66, 67, 68, 69, 70, 71, 72, 73, 74, 75, 76, 77, 78, 79, 80, 81, 82, 83, 84, 85, 86, 87, 88, 89, 90, 91, 96, 97, 98, 99, 101, 103, 104, 105, 106, 107, 108, 109, 110, 112, 113, 114, 115, 116, 117, 118, 119, 120, 121, 122, 123, 124, 126, 127, 128, 129, 130, 131, 132, 133, 134, 135, 136, 137, 138, 139, 140, 141, 142, 143, 144, 147, 148, 149, 150, 151, 152, 153, 154, 155, 156, 157, 158, 159, 160, 161, 162, 163

Hermann Seiter
Seite 8, 13, 15, 21, 37, 38, 39, 67, 76, 77, 92, 93, 102, 106, 107, 113, 121, 123, 125, 127, 128, 129, 136, 146, 150

Archiv Seiter
Seite 100, 101, 108, 115

Richard Badal
Seite 62, 63, 77, 78, 111, 121, 166

Bauhütte Dinkelsbühl
Seite 137

Hans Ebert
Seite 140

Thomas Hertfelder
Seite 57, 62, 132

Christoph Lorenz
Seite 3, 26, 27, 28, 29, 30, 31, 113, 119, 125, 127, 144, 145, 153

Jürgen Pawlitschek
Seite 13

Texte

Nehmet, esset ...	Rechte bei Walter Hampele
Mit dem Leiterwägele zu den Steckelesjuden	Rechte bei Herbert Schüßler
Alle anderen Texte	Roland Silzle

Roland Silzle, Jahrgang 1959.
Studium der evangelischen Theologie in Tübingen und im benachbarten Ausland. Studienaufenthalte in Südostasien. Verheiratet, vier Kinder.
Seit 1993 Pfarrer in Frankenhardt-Gründelhardt.
Fährt in seiner Freizeit gerne Kanu, versucht sich beim Kochen und mag französischen Rotwein.
Fotografiert und interessiert sich für Kulturelles und Kulinarisches aus der Region.

Dieter Ziegler-Naerum, Jahrgang 1958.
Ausgebildeter Schauwerbe- und Messegestalter, Diplom-Grafikdesigner, Illustrator und Art-Director in Frankfurter Werbeagenturen für nationale und internationale Markenartikel.
1988 Gründung des Werbeateliers Ziegler-Naerum Frankfurt am Main.
Lebt und arbeitet seit 1998 in seiner alten hohenlohischen Heimat Frankenhardt-Gründelhardt.
Verheiratet, drei Töchter.
Interessiert sich für moderne Kunst, zeitgemäße Fotografie und Literatur.
Engagiert in sozialen und ökologischen Projekten.

Unser Dank gilt allen, die beim Herstellen und Ausprobieren der Rezepte mitgeholfen oder uns mit Hinweisen unterstützt haben, an erster Stelle Frau Judith Tröbs-Silzle.
Des weiteren: Familie Andruschkewitsch, Jörg Baier, Karin Baumann, Birgit Eberhardt, Familie Hagel, Marianne Fischer, Walter Kolb, Doris Lebsanft, Jörg Mast, Kid Naerum, Parkhotel Ilshofen, Edith Schäfer, Familie Schöll, Roland Sohns, Gertrud Schwarz, Familie Stier, Stefan Renner u. a.

Walter Hampele und Herbert Schüßler sei Dank gesagt für ihre eingebrachten Geschichten und Erinnerungen (alle Rechte vorbehalten).

3. Auflage 2006

Konzeption und Gestaltung: Dieter Ziegler-Naerum
Umschlag: Dieter Ziegler-Naerum
Druck: Gulde-Druck, Tübingen
Papier: Tauro 150g/qm von M-real
Printed in Germany.

ISBN-10: 3-87407-557-5
Ab 2007 ISBN-13: 978-3-87407-557-9

Besuchen Sie uns im Internet und entdecken Sie die Vielfalt unseres Verlagsprogramms:
www.silberburg.de

Herzlichen Dank für die Unterstützung:

AOK – Die Gesundheitskasse

Bausparkasse Schwäbisch Hall AG

Raiffeisenbank Frankenhardt-Stimpfach eG

Sparkasse Schwäbisch Hall-Crailsheim

Stiftung Würth, Künzelsau

Das passt zu Brotgeschichten!

Irene Krauß:
Gelungen geschlungen
Das große Buch der Brezel

Die Brezel hat die Welt erobert – die Stationen dieses Siegeszugs illustriert das reich bebilderte Schmökerbuch auf unterhaltsame Weise.

176 Seiten, 151 meist farbige Abbildungen,
ISBN 3-87407-550-8

Gudrun Mangold:
Most
Das Buch zu Apfel- und Birnenwein

Most ist auf zahllosen Vespertischen einfach unverzichtbar. Dieses Buch präsentiert unterhaltsam und reich bebildert alles Wissenswerte über den erfrischenden Trank.

160 Seiten, 130 Abbildungen,
fester Einband.
ISBN 3-87407-557-5

Brunhilde Bross-Burkhardt
und Bärbel Schlegel:
Bauerngärten in Baden-Württemberg

Schmökerbuch und prächtiger Bildband, Ausflugsführer und praktischer Ratgeber in einem.

160 Seiten, 150 Farbfotos, fester Einband.
ISBN 3-87407-504-4

Silberburg-Verlag

In Ihrer Buchhandlung • www.silberburg.de

Bärlauch
Limesbrot
riander
Feue
Jagst
Bauern
Oliven
Gaildorf
Neujahrsri
nüsse
Bierbrot
Bärlauchbrot im
Brotmarken
rostini
Martinswe